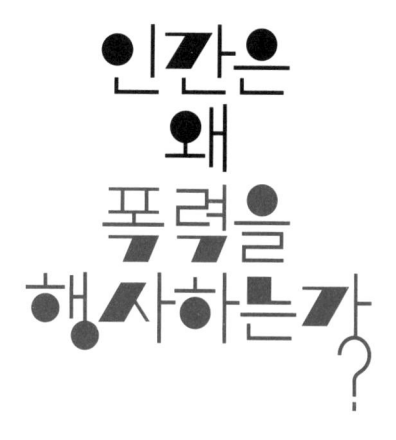

인간은
왜
폭력을
행사하는가?

인간은 왜
폭력을 행사하는가?

제1판 제1쇄 발행일 2018년 5월 8일
제1판 제3쇄 발행일 2019년 5월 20일

글 _ 정윤수, 정주진, 최영은, 박윤경, 오창익, 정창수
기획 _ 인권연대, 책도둑(박정훈, 박정식, 김민호)
디자인 _ 서채홍
펴낸이 _ 김은지
펴낸곳 _ 철수와영희
등록번호 _ 제319-2005-42호
주소 _ 서울시 마포구 월드컵로 65, 302호(망원동, 양경회관)
전화 _ (02)332-0815
팩스 _ (02)6091-0815
전자우편 _ chulsu815@hanmail.net

ISBN 979 11-88215-11-9 03300

철수와영희 출판사는 '어린이' 철수와 영희, '어른' 철수와 영희에게
도움 되는 책을 펴내기 위해 노력하고 있습니다.

기획

인권연대

글

정윤수, 정주진, 최영은, 박윤경, 오창익, 정창수

철수와영희

약자 또는 소수자에 대한
따뜻한 시선과 변화에 대한 열망

평화!

인권연대는 적어도 1년에 두 차례씩 '교사 인권연수'라는 프로그램을 운영하고 있습니다. 전국의 초중고 선생님들을 모시고, 사흘 동안 집중적으로 인권을 공부하는 프로그램입니다. 모처럼 맞은 방학이니 쉬어야 하고 밀린 일을 처리하거나 연구와 강의 준비로 바쁜 분들을 모시는데도, 저희 프로그램은 언제나 성황입니다.

지난해 여름까지 서른두 번이나 연수를 할 수 있었던 것은 선생님들의 뜨거운 참여 열기 덕입니다. 선생님들이 열정적으로 참여하는 까닭은 여럿이지만, 가장 중요한 것은 연수를 이끌어주시는 강사 선생님들의 존재입니다. 인권연대의 교육 프로그램을 이끌어주시는 강사 선생님들은 강의 능력은 물론, 수강생을 대하는 태도에서 강의 준비에 이르기까지 강의에 관해 교과서와 같은 모습을 보여주십니다. 배우고 때로 익히는 일이 늘 즐거운 일은 아니겠지만,

좋은 선생님들을 만나는 것은 즐거운 일임이 분명합니다.

인권연대의 교사 인권연수를 눈여겨본 출판사 '철수와영희'가 좋은 책을 기획해주었습니다. 철수와영희는 인권연대와 함께 『10대와 통하는 청소년 인권학교』, 『인문학이 인권에 답하다』, 『다수를 위한 소수의 희생은 정당한가?』를 함께 만들었던 인연이 있습니다. 인권연대 교사 인권연수에 참여해주신 강사 선생님과 눈 밝은 '철수와영희' 덕에 모처럼 좋은 책으로 인사드리게 되었습니다.

이 책에는 아주 특별한 장점이 있습니다. 첫째, 꼭 필요한 정보를 담고 있습니다. 객쩍은 이야기나 쓸모없는 이야기도 없습니다. 둘째, 알기 쉽고 재미있습니다. 논문에서만 쓰는 구태의연한 말은 이 책에 없습니다. 생생하게 살아 있는 말로 풀어내면서도 결코 가볍지 않습니다. 셋째, 전문적인 영역의 깊숙한 사정까지 살펴볼 수 있습니다. 저자들의 안내를 따라 가다 보면, 어느 틈엔가 성큼 앞으로 나가 있다는 것을 스스로 느끼실 수 있을 것입니다.

문화 비평자의 눈으로 본 도시, 그리고 도시에서 만나는 삶, 전문 평화 연구자가 오래 고민한 흔적을 고스란히 확인할 수 있는 폭력과 평화, 구체적이고 실증적인 심리학 연구 성과를 바탕으로 한 편견과 차별, 다문화를 통해서 본 우리들의 완고한 모습, 그리고 헌법과 인권, 실천적 국가 예산 전문가의 안내를 따라 하나씩 확인해보는 국가 예산의 겉과 속에 이르기까지 때론 아주 전문적인 분야라 여기실 수 있는 대목까지 단박에 술술 읽히는 재미를 맛보실 수 있을 겁니다.

문화, 평화학, 발달 심리, 다문화, 헌법, 국가 예산 등 전문적인 영역을 이렇게 쉽게 단박에 파악할 수 있는 책은 드뭅니다. 그렇다고 내용이 허술한 것도 아닙니다. 이런 게 바로 좋은 책입니다. 이 책을 만난 독자들은 좋은 책을 만나는 기쁨까지 얻으실 수 있을 겁니다.

이 책이, 꼭 필요하지만 그동안 조금은 낯설었던 전문적인 영역에 대한 이해만 돕고 있는 것은 아닙니다. 강자와 약자의 대립과 갈등이 분명한 사회에서 약자 또는 소수자에 대한 따뜻한 시선과 변화에 대한 열망, 대다수 시민들을 위한, 그들에게 이로운 결과를 만들어내고 싶다는 열정도 함께 만날 수 있습니다.

강의와 별개로 새로운 원고를 쓰고, 다듬어주신 박윤경, 정윤수, 정주진, 정창수, 최영은 선생님께 깊이 감사드립니다. 선생님들과 함께 작업할 수 있어서 매우 기뻤습니다. 그 기쁨을 독자들과 나누고 싶습니다.

늘 감사합니다.

2018년 봄.

인권연대 오창익 드림

7

차례

1강

도시에서 삶을 만날 수 있을까?

정윤수

문화평론가/성공회대학교 문화대학원 교수

인간은
왜
폭력을
행사하는가
?

정윤수

문화비평지 계간 〈리뷰〉의 편집위원과 오마이뉴스 문화스포츠 담당 편집위원을 지냈다. 인문예술아카데미 '풀로엮은집'의 사무국장을 역임하면서 인문예술 분야의 다양한 일을 기획하였다. 현재는 성공회대 문화대학원 교수로 재직 중이다. 저서로는 『클래식, 시대를 듣다』, 『인공 낙원: 현대 도시 문화와 삶에 대한 성찰』, 『공장』 등이 있다.

도시에서
삶을 만날 수 있을까?

안녕하십니까. 정윤수입니다. 오늘 도시와 기억을 화두로 인권에 대해 여러분과 이야기를 나누고자 합니다. 우리는 도시에서 살아갑니다. 그 안에서 불안과 마주합니다. 대표적인 것이 경제적인 불안이지요. 먹고사는 일이 우리를 힘들게 합니다. 열심히 일해도 삶은 나아지지 않습니다. 일상이 경쟁인 도시에서 우리는 언제나 쫓기듯이 살아야 합니다. 돈이 많은 사람도 여기서 자유롭지 못해요.

'거대한 도시'의 '왜소한 인간들'

불안과 함께 분노도 찾아옵니다. 평소에 마음 깊은 곳에 잠복해 있다가 어느 순간 튀어나옵니다. 통제가 안 될 만큼 분노가 치밀어 오르기도 해요. 평소 쌓였던 불만이나 적대감이 나도 모르게 터져 나와요. 마주오던 사람과 어깨를 부딪쳤을 때, 신호를 무시하고 건널목을 지나가는 차를 보았을 때 화가 나지요. 이런 경험은 누구에게나 있을 거예요. 이것이 '거대한 도시'에서 살아가는 '왜소한 인간들'의 심리 상태입니다.

우리의 도시, 어떻습니까? 단순히 돈 많고 잘사는 나라라고 해서 인권도 발전했다고 할 수 없습니다. 대한민국 수도 서울의 한복판 광화문으로 가보겠습니다.

광화문은 조선 시대 때 세워졌습니다. 당시 조선 왕실의 권위를 상징했지요. 지금은 사라졌지만 최근까지 조선 총독부 건물이 바로 뒤에서 버티고 서 있었어요. 일본 제국주의는 일제 강점기에 이 건물을 통해 조선을 지배하고 있다는 메시지를 준 거예요. 그러다가 1993년 11월 김영삼 정부는 이 건물의 철거를 확정했고 광복 50주년인 1995년 8월 15일 철거가 시작되어 1996년 12월 완전히 해체되었습니다.

또 광화문 주변에는 무엇이 있나요? 저는 이순신 장군 동상이 떠오릅니다. 엄숙한 표정으로 긴 칼을 옆에 찬 채 아래를 굽어보고 있지요. 1968년 건립되었습니다. 그전에는 없었어요. 박정희가 군사 쿠데타로 정권을 잡은 후에 세운 동상입니다. 그 아래를 보면 분수대가 있지요? 여름이면 천진난만하게 물놀이를 하는 아이들의 모습을 볼 수 있습니다. 저는 광화문의 이 풍경 속에서 묘한 느낌을 받았습니다. 이순신 장군을 국민적 영웅으로 추앙했던 박정희 정권 이후 30여년이 흐른 뒤 대통령이 된 그의 딸 박근혜가 강조했던 인성 교육이 떠올랐기 때문입니다. 2015년 7월 박근혜 정부와 당시 여당인 새누리당은 예禮, 효孝, 정직, 책임, 존중, 배려, 소통, 협동 등 여덟 가지 인성을 가르치는 것을 핵심으로 하는 인성교육 진흥법을 시행했는데, 이에 대해 과거 회귀적이고 권위주의적 정책이라는 비판이 일었습니다.

아시다시피 박정희 정권 때 학생들의 인권은 매우 열악했습니다. 신체적 언어적 폭력을 통한 훈육이 당연시되었지요. 당시 교육의 목적은 민주적 시민을 길러내는 것이 아니었습니다. 그저 권력과 권위에 충성하는 사람을 만들고자 했어요. 그 결과는 참혹했지요. 군사독재 정권의 철권통치가 수십 년간 이어진 데는 그러한 교육의 역할이 컸습니다. 이후 민주주의가 도래했고 교육 부문도 많이 좋아졌습니다. 억압과 폭력의 자리에 토론과 설득이 자리했지요. 학교를 지식뿐만 아니라 민주주의를 배우고 실천하는 장으로 만들고자 하는 노력이 이어졌습니다. 그런데 30여 년이 지나 다시 권위주의적인 교육 지침이 생긴 거예요. 그래서 당시에 인권연대나 국가인권위원회에서 '인성교육 진흥법'에 반대하는 성명을 내기도 했습니다.

애들을 잘 키우자는데 뭐가 문제냐고 하는 분들도 있겠지만, 국가가 나서서 어떤 행동이나 마음 상태를 규정하여 '인성'이라고 교육시키는 것은 옳지 않습니다. 인성은 관점에 따라 다양한 것입니다. 관계와 집단 속에서 자연스럽게 형성되는 거예요.

간혹 길을 가다 '바르게 살자'라는 표지석을 보신 적이 있을 겁니다. 도대체 어떻게 살아야 바르게 사는 걸까요? 이런 표지석을 국가가 지원하는 단체에서 여러 사람이 보는 장소에 떡하니 설치했다는 건 무슨 의미일까요? 국가가 주는 메시지가 일상적인 공간에 파고드는 겁니다. 촌스럽기 때문에 아무도 눈여겨보지 않는다고 생각할 수도 있습니다. 그러나 그게 거기에 있는 한 무의식적으로 우리의 생각에 영향을 미쳐요. 우리 도시의 상징물에는 기본적으로 국가가 개인의 삶을 통제하려는 욕망이 반영되어 있습니다. 과장일까요? 다른 풍경과 비교해보면 더 잘 알 수 있겠지요.

유럽의 어느 터널 이야기를 하겠습니다. 알프스 지역은 아름다운 풍경을 즐기고자 해마다 많은 관광객들이 찾습니다. 그런데 2016년 여름에 터널이 하나 생겼어요. 스위스 남부와 이탈리아를 잇는 고트하르트 베이스 터널Gotthard Base Tunnel입니다. 그 길이가 약 57킬로미터로 세계 최장입니다. 직선거리로, 경부고속도로 입구 한남대교에서 안성휴게소 정도까지입니다. 알프스 산맥은 원래부터 험준하기로 유명하지요. 유럽의 강자들이 제국을 확장하려고 할 때 가장 큰 지리적 장애물이기도 했습니다. 기원전 포에니 전쟁 때는 로마를 공격하기 위해 한니발이 코끼리를 타고 알프스 산맥을 넘었습니다. 그 후 18세기 말 이탈리아, 오스트리아를 제압하려던 나폴레옹도 알프스 산맥을 넘었지요.

유럽의 화가들에게도 많은 영감을 주었어요. 19세기 영국의 화가 조지프 말로드 윌리엄 터너는 '눈보라-알프스 산을 넘는 한니발의 군대'라는 작품을 남겼고 프랑스 화가 자크 루이 다비드는 나폴레옹이 말을 타고 산 너머로 병사들을 지휘하는 그림을 그렸습니다. 한때 우리나라 참고서 표지에도 등장했던 바로 그 그림입니다. 앞서 말씀드린 터널이 생긴 곳도 바로 그런 장소였어요. 지형이 험해서 공사 기간도 17년 정도 걸렸습니다. 스위스, 이탈리아와 주변 국가였던 독일, 네덜란드, 프랑스 등 여섯 개 나라가 컨소시엄으로 공사에 참여했어요. 개통식도 아주 성대하게 치렀습니다. 문화 공연도 있었는데 인상적이었던 게 당시 이 공사에 참여했던 노동자들을 주인공으로 했다는 점이에요. 'Gotthard Base Tunnel opening ceremony'로 검색하시면 유튜브에서도 보실 수가 있어요. 제가 왜 이 말씀을 드리느냐 하면 그쪽 사람들은 세계 최장 터널을 자연에 맞선 인간의 위대함과 노동자들의 헌신으로 이해하고 있었다는 거예요. 누가 이 거대한 역사를 이루었는가? 누구의 몸으로 이런 일을 해냈는가? 그들을 존중한다. 이런 메시지를 보여줍니다. 우리와는 많이 다르지요? 통치자나 권력의 업적으로 보지 않고 각 개인의 위대함으로 평가하는 부분을 우리가 배워야 한다고 생각했습니다.

유럽의 정치는 서로 이념은 다를지 몰라도 기본적으로 노동을 존중합니다. 노동하는 사람들의 힘으로 나라가 돌아간다는 것에 대해서는, 싫든 좋든 인정하고 그 토대 위에서 각종 정책을 만들어나가요. 고트하르트 베이스 터널의 개통식 장면이 이를 잘 보여줍니다.

우리는 '저명인사'들이 참여해서 준공 테이프를 끊는 장면을 자주 봅니다. 거기에는 정작 일하는 노동자 즉, 주체가 빠져 있어요. 노동에 대한 인식, 그에 기반한 상상력이 부족한 거예요. 크고 멋진 것을 국가, 권력과 연결짓는 데 익숙하지만 거기에 숨은 '노동'

유럽의 정치는 서로 이념은 다를지 몰라도 기본적으로 노동을 존중합니다. 노동하는 사람들의 힘으로 나라가 돌아간다는 것에 대해서는, 싫든 좋든 인정하고 그 토대 위에서 각종 정책을 만들어나가요. 고트하르트 베이스 터널의 개통식 장면이 이를 잘 보여줍니다.

을 보지 못합니다. 우리나라의 노동자들은 '주체'로 인정받기는커녕 '차렷! 열중쉬어!'를 하고 서 있습니다. 얼마나 많은 예산을 유치했는지 자랑하는 의원이나 기관장들의 '말씀'을 듣는 거지요.

구경꾼으로 전락한 도시인

오랫동안 도시를 연구한 사람들이 있습니다. 이들은 도시의 생성과 소멸, 역사적인 변천 등을 연구한 끝에 다양한 이론을 발전시켰지요. 이들의 몇 가지 개념을 토대로 현대 도시를 설명하면 다음과 같습니다.

첫 번째로 현대 도시는 '판타스마고리아'Phantasmagoria라고 말할 수 있습니다. 독일의 철학자 발터 벤야민은 당시 프랑스의 수도 파리를 고도로 발달한 자본주의의 상징으로 파악했습니다. 그가 보기에 이 거대한 도시야말로 자본주의 자체였어요. 온갖 상품이 거래되고 물질을 향한 끝없는 욕망이 분출되는 장소였지요. 이를 두고 『파사젠베르크』라는 미완의 책에서 '판타스마고리아'라고 칭했어요. 환영幻影이라는 뜻입니다. 현실에 없는 존재가 투사된 것을 말해요. 장난감 중에 카메라처럼 셔터를 누르면 그 안에 이런저런 그림이나 사진이 등장하는 게 있지요? 그런 것을 '판타스마고리아'라고 합니다. 그림이 그려진 틀을 빙글빙글 돌리면 바깥에 형상이 나타나는 '주마등'도 비슷하고요. 크게 보면 영화도 일종의 판타스마고리아입니다.

그렇다면 발터 벤야민은 왜 파리라는 거대 도시를 판타스마고리아라고 했을까요?

현대 이전의 도시는 폐쇄적 공동체였습니다. 유럽의 봉건 시대에는 왕과 그의 신민들이 사는 장소였습니다. 그 바깥은 성벽으로 둘러쳐져 있었습니다. 안으로 들어가려면 일일이 허락을 받아야 했습니다. 그러다 근대 자본주의가 도래하면서 도시에 공장이 생기고 주변에서 수많은 인구가 유입되었습니다. 각종 건물이 생기고 상하수도가 놓이게 되었지요. 자본주의가 고도로 발달한 현대에는 그 규모가 훨씬 더 커집니다. 매일 새로운 도로, 건물이 생기고 사라집니다. 현대의 도시는 하루가 다르게 급변합니다. 그리고 이제 도시는 욕망의 도가니가 됩니다. 도심을 누비며 쇼핑을 하고 그 안에서 유행과 편리를 즐깁니다.

여러분이 사는 도시는 어떻습니까? 정붙이고 살던 곳은 재개발로 사라지고 매일 새로운 가게가 문을 열지요? 타임스퀘어 같은 거대한 쇼핑몰 안에서 살아갑니다. 발터 벤야민은 20세기 초 파리라는 도시에서 그 징후를 알아챈 거예요.

나폴레옹 3세와 오스만 남작은 1852년에서 1870년까지 18년에 걸쳐 파리를 바꿉니다. 바로 '파리 개조 계획'입니다. 오늘날로 치면 전면적인 재개발이지요. 구획을 정리하고 도로를 정비합니다. 낡고 오래된 건물을 철거하거나 옮기고 상하수도를 개편합니다. 이런 과정을 통해 오늘날 우리가 아는 파리가 탄생해요. 파리의 성벽은 제거되고 프랑스 제국의 힘과 위엄이 직선으로 뻗은 도로를 통해 구현되지요. 미래의 교통 수요와 몰려드는 인구를 감안해서 설계한 거예요. 에펠탑부터 개선문까지 이어지는 광경을 보면서 파리를 고색창연한 도시라고 생각하지만 그렇게 된 지 불과 150년이 안 된 거예요.

발터 벤야민을 비롯한 수많은 연구자들은 이 무렵 달라진 사람들의 삶을 보게 됩니다. 과거 성 안의 익숙한 풍경 속에서 반복적인 일을 하던 소박한 삶은 사라집니다. 사람들이 변화에 노출된 채로 거리를 두리번거리며 구경거리를 찾아다녀요. 19세기 후반에는 유럽 곳곳에 낡은 성채城砦 도시가 많았습니다. 거기에서 사는 사람과 파리의 변화한 거리를 걷는 사람의 심리적 분위기가 달랐던 거예요. 발터 벤야민은 이런 점을 간파합니다.

구스타브 카유보트라는 화가는 이 시기 파리의 풍경을 그립니다. 1877년에 비 오는 파리 거리를 배경으로 한 그림 'paris street rainy day'를 보면 우산을 쓴 연인이 재건 사업으로 정리된 길을 걸어가고 있습니다. 그런데 오늘날 이 장소가 어떻게 바뀌었는지를 보여주는 사진들이 인터넷에 올라옵니다. 1930년대, 1980년대, 21세기로 이어지는 사진을 나란히 볼 수 있어요. 어쨌든 이 그림을 보면 심리적 동질감이 느껴집니다. 그림에 등장하는 인물도 도시를 배회하면서 우리와 비슷한 것을 느꼈겠구나 싶어요.

도시인은 구경꾼입니다. 낯선 거리를 걷고 낯선 사람들을 지나쳐요. 서로 어떤 삶을 사는지 알지 못합니다. 도시가 만들어낸 거대한

허상, 상품이라는 환영 안에서 파편화된 삶을 살아갑니다. 끊임없이 두리번거리면서 도시를 산책하고 배회하는 것이 문화가 됩니다. 그 안에서 욕망을 소비하며 살아가요. 화려한 볼거리에서 만족감을 느낍니다. 커피 한 잔 마시고 영화도 보고 쇼핑을 하는 것, 그 안에서 안정감을 느낍니다. 한편 여기서 소외될지도 모른다는 불안감을 함께 가지면서 말이지요. 이런 것이 바로 벤야민이 말했던 '판타스마고리아'라고 이해하시면 됩니다.

공간과 장소의 차이

두 번째로 말씀드릴 것은 영국의 지리학자 에드워드 렐프가 말한 '장소와 장소 상실'place and placelessness입니다.

오늘날 도시는 빠른 속도로 변화하고 있습니다. 발터 벤야민이 살던 시대와는 그 차원이 달라요. 눈 깜짝할 사이에 모든 것이 바뀝니다. 그 속도감에 어지럼증을 느낄 정도예요. 그래서 어떤 사람들은 '느리게' 살고 싶어 합니다. 그러나 대부분은 그 속도를 못 따라가서 불안해합니다. 뒤처지기 두려워합니다. 유명 커피 체인점이나 의류 브랜드 매장이 없으면 동네가 '후지다'고 생각합니다. 선거 때가 되면 지역구 의원들은 경쟁적으로 '지역 발전' 공약을 내놓습니다. 기업을 유치하고 도로를 넓히는 게 낙후한 도시를 벗어나는 유일한 방법으로 생각해요. 그러다 보면 장소 상실 현상이 일어납니다.

'장소'place란 무엇입니까? 비슷한 말로 '공간'space이 있지요. 공간은 우리가 존재하는 세계입니다. 도시공학, 건축공학, 도시사회학에서는 일정한 물리적 크기를 가지고 있는 세계를 말해요. 장소란 그중에서도 특정한 어떤 곳을 말합니다. 공간이 객관적, 가치중립적이라면 '장소'는 지극히 주관적입니다. 그곳에는 개인이나 집단의 기억과 관계가 있어요.

예컨대 어떤 건물을 '7층짜리 공간'이라고 표현하면 우리 머릿속에 그만한 크기의 건축물로 그려집니다. 그런데 거기가 군사독재 시절 고문 장소로 악명 높았던 남영동 대공분실이라면 그곳은 특정한 '장소'가 됩니다. 여기에는 역사적 기억이 있습니다. 그렇기 때문에 공간이라기보다는 장소가 됩니다.

어떤 공간이 장소가 되려면 물리적 풍경과 더불어 '경험'이 있어야 합니다. 예컨대 작은 시골 마을에 고향 집이 있다고 해보겠습니다. 오랜만에 갔더니 모든 게 그대로예요. 어릴 적 뛰어놀던 곳, 할아버지 손을 잡고 걷던 길이 눈에 보입니다. 지난 시절의 일들이 생생하게 떠오르겠지요. 이때 우리는 '장소성'이 살아 있다고 합니다. 실제로 농촌 공동체가 유지되던 과거에는 이런 장소성이 꽤 많이 유지되었습니다. 그러다 '근대화'가 시작되면서 모두 사라졌지요. 도시화는 우리에게 장소 상실과 관계가 있습니다.

댐 건설로 마을이 수몰되어 흔적도 없이 사라졌다거나 개발로 논과 밭이 콘크리트로 덮여버렸다는 이야기 많이 들으셨을 거예요. 최근까지 몰아쳤던 재개발 열풍은 이런 현상을 더욱 가속화했지요.

경관이 사라지면 기억도 흐려집니다. 나의 경험과 관계도 잊혀지지요. 도시는 우리를 과거의 관계로부터 단절시킵니다.

소설가 중에 박상륭이라는 분이 있습니다. 얼마 전에 작고하셨는데요, 이분 소설이 난해하기로 유명한데, 캐나다에 쭉 계시다가 1990년대에 잠깐 한국에 들어오신 적이 있어요. 이때 고향인 전남 장성에 가서 변한 모습을 보고 크게 충격을 받았습니다. 기억 속 고향과 너무나 다른 거예요. 그 후로는 고향에 다시는 안 갔답니다. 더 이상 소중한 기억을 훼손하고 싶지 않았던 거예요. 나이 지긋하신 분들은 이 말에 무척 공감하실 거예요.

그래서 최근에는 이런 상실을 안타까워하며 도시 개발의 패러다임을 바꾸자는 목소리가 커지고 있습니다. 부수고 새로 짓는 대신 보존과 복원을 강조하는 거예요. 실제로 이런 노력들이 결실을 맺고 있습니다. 대표적인 장소가 바로 한강에 위치한 선유도공원이에요. 이곳은 과거 정수 처리장이었습니다. 그런데 정수장 이전이 결정되고, 기존 공간을 어떻게 활용할 것인가를 두고 토론을 벌여졌지요. 이곳을 시민의 품으로 돌려보내기로 하고 공원으로 만들었습니다.

선유도공원은 이전과 다른 방식으로 조성되었어요. 6개 응모안 중 서안컨소시엄의 설계안이 당선작이 되었고 그 후 8개월간의 설계와 공사를 거쳐 2002년 4월 26일 개원하였습니다.

여러분은 '공원' 하면 어떤 이미지가 떠오릅니까? 잔디밭이나 체육 시설, 유명인의 동상 등이 생각나지요? 어린이대공원이 그렇고 여의도공원이 그렇습니다. 그런데 우리나라에 공원이 생긴 지는 얼마 안 돼요. 주변에서 공원을 만나게 된 건 1980년대 말 아파트 시대가 열리면서부터입니다. 그전에는 동네에 공원이 없었어요. 그냥 공터에서 뛰어놀고 그랬죠. 그러다 우리도 이제 살 만해졌는데 공원 하나 없어서 되겠느냐 하는 생각을 하게 됩니다. 아파트마다 공원이 생겨요. 나무를 심고 놀이 시설을 만듭니다. 그래서 우리 기억 속에 '공원' 하면 잘 꾸며진 공간이에요.

선유도공원은 다릅니다. 그 안에 우리의 삶과 과거가 고스란히 녹아 있습니다. '장소'에 대한 조성룡 건축가의 철학이 배어 있습니다. 가보신 분들은 알겠지만, 선유도공원은 기존 시설을 그대로 두고 그 위에 꽃을 심고 길을 냈습니다. 계단식 수로에 안전장치를 해서 사람들이 다닐 수 있게 했고요. 곳곳에 벤치를 두어 쉴 수 있게 했습니다. 중앙에 사무실로 쓰인 건물이 있었는데 철거는 하되, 기둥들은 남겨놨어요.

왜 그랬을까요? 과거의 흔적을 통해 우리가 어떤 삶을 살아왔는지 알 수 있게 하려는 거예요. 공원을 휴식 공간을 넘어선 우리의 삶을 담은 '장소'로 만들고자 한 겁니다.

서울이라는 거대한 도시 속에서 살아온 우리의 삶을 담고자 한 거예요. 그때를 살아가던 사람들의 흔적이랄까, 도시를 유지해온 사람들의 노력이랄까 하는 것들이 그 안에 담겨 있습니다. 아마도 누군가는 그곳에서 휴식을 취했을 거고 누군가는 하루 2교대로 일하면서 밤을 새우고 퇴근하던 사람들의 모습을 지켜봤을 거예요.

이렇듯 시간이 축적된 기둥을 남겨놓은 것이 미학적으로도 역사적으로도 의미가 있습니다.

선유도공원을 설계한 이들은 이걸 싹 다 없애고 새로 예쁘게 건물을 짓는 것보다 그게 훨씬 중요하고 생각했을 겁니다. 그럼으로써 동시대의 삶을 기념하는 하나의 상징물이 되길 바랐을 거예요. 도시 속에서 급격한 변화에 사라져가는 장소성을 지킨다는 것은 바로 이런 의미입니다. 우리의 삶, 서로의 기억과 역사를 존중하며 살자는 거예요. 선유도공원에 이런 생각이 고스란히 담겨 있습니다. 안 가보신 분들은 꼭 한번 가보시기 바랍니다.

그러나 안타깝게도 대개 우리가 사는 공간에서는 시간과 경험, 기억과의 결합이 해체되고 있습니다. 요즘은 어느 동네나 풍경이 비슷합니다. 똑같이 생긴 아파트, 똑같은 도로, 상가, 쇼핑몰이 있습니다. 한 사람이 지었나 싶을 정도로 거기서 거기예요. '우리 동네'라고 할 만한 특징이 없습니다. 겉치장만 요란하게 합니다. 상품화된 가짜 장소가 넘쳐납니다. 누구 한 사람 때문이 아니에요. 현대 도시의 물질적 속성 자체가 그렇습니다.

대중의 소비 욕망은 끝이 없습니다. 백화점이나 유명한 맛집에 싫증이 나면 또 새로운 공간을 찾아다닙니다. 엄밀한 의미의 '전통 한옥마을'은 아니지만 어쨌거나 오래된 집들이 남아 있는 서촌이 관광 명소가 되었잖아요. 중국 관광객은 물론 일반인들도 자주 찾습니다. 우리는 그곳에서 낯설고 새로운 구경거리를 만납니다. 어쩌면 우리는 '전통'조차 하나의 볼거리로 받아들이고 있는지 몰라요. 그래서 전통을 보존한다는 취지가 오히려 전통에서 멀어지게 하는 역설을 낳습니다. 다시 광화문으로 가볼까요?

광화문광장은 여러 가지 설치물들이 있습니다. 앞서 말씀드린 이순신 동상과 분수대 외에도 최근에는 세종대왕 동상까지 들어섰지요. '광장'은 말 그대로 넓은 장소여야 하는데 자꾸 무언가를 그곳에 세웁니다. 광화문광장은 시민이 모여서 대화하고 휴식을 취하는 공간이 아니에요. 지나가면서 구경하는 곳입니다. 광장으로서의 기능을 잃고 커다란 볼거리로 전락했어요. 분수도 봐야 하고 600년 역사 물길도 걸어야 합니다. 꽃구경도 하고 동상도 구경해요. 과연 우리는 그곳에서 어떤 역사를 만날 수 있을까요?

일제 강점기에는 광화문 앞에서 조선 박람회^{1929년}를 열었습니다. 5·16 쿠데타 이후에는 '혁명기념 산업 박람회'라는 것이 열렸고요. 심지어 거기에 골프장을 세울 계획을 갖고 있었습니다. 권력은 항상 사람들이 많이 모이는 중앙 광장을 주목합니다. 거기에 자신들의 '업적'을 과시하려고 하지요. 구경거리를 제공함으로써 우리가 '발전'했다고 더 살기 좋아졌다고 믿게 합니다. 광장이 이미지 정치의 희생양이 되는 거예요.

요즘은 광화문 앞에서 수문장 교대식이라는 걸 합니다. 하루에 두 번 하는데요. 우리의 전통을 알린다는 취지는 좋습니다만 이벤트 성격이 강한 느낌이 들어요. 역사적 고증이 부족하기 때문입니다. 수문장 교대식을 최초로 시작한 게 1996년입니다. 영국 버킹엄 궁전 앞에서 근위병들이 교대식 하는 장면을 보신 적이 있을 거예요. 우리도 그런 거 하나쯤은 있어야 하지 않겠느냐는 '관광' 차원에서 시작한 겁니다. 역사적 고증은 둘째입니다. 이것이 인기를 끌자 다른 지역에서도 비슷한 행사가 열려요. 순천시 낙안읍성, 충남 해미읍성, 강화도 광성보 등지에서도 수문장 교대식을 합니다. 복식이나 의식이 엇비슷합니다. 그저 흥미로운 구경거리로 보면 그만이겠지만 혹시나 아이들이 옛 전통을 되살린 것이라고 오해하지 않을까 걱정입니다.

젠트리피케이션의 기원

세 번째로 말씀드릴 것은, 그렇다면 도시 안에서 장소 상실과 공간의 배치가 어떤 식으로 이루어지느냐 하는 것입니다. 오랫동안 도시를 연구해온 사람들은 그것이 결국 권력과 중산층의 미의식에 부합하는 방향으로 구축된다고 말합니다.

현대 도시에서 장소 상실은 불가피한 측면이 있습니다. 낡고 오래된 다리가 있는데 그냥 둘 수는 없잖아요. 새로운 공법으로 더 튼튼한 다리를 놓습니다. 교통량이 늘어나고 인구가 늘면 각종 편의시설도 들어서야 합니다. 그러나 이때도 공공의 이익이라거나 안전이라거나 하는 원칙이자 기준이 있어야 해요. 무조건 새것으로 갈아치우는 일은 피해야 합니다.

예컨대 광화문광장의 경우 정치권력에 따라 그 모습이 계속 바뀌어 왔습니다만 거기에는 어떤 철학이 없어요. 대신 권력을 과시하거나 시민의 환심을 사려는 의도가 엿보입니다. 최근 광장이 제 역할을 되찾아야 한다는 목소리가 높습니다. 그래서 서울시에서도 차량의 흐름을 통제해서 시민들이 광장에서 서로 만나 소통할 수 있도록 하고, 세종문화회관 뒤에 있는 작은 골목들이 광장과 이어지도록 구상하고 있다고 해요. 그러자 그 가운데 세워진 세종대왕 동상이 문제가 됩니다. 어떤 분들은 세종대왕은 우리나라의 대표적인 위인이므로 절대 없애서는 안 된다고 주장합니다. 서울시장이 바뀐다고 해서 오락가락해서는 안 된다고 비판하기도 하고요. 그런데 세종대왕 동상에 대한 문제 제기가 지금 와서 처음 생긴 건 아닙니다. 애초에 그곳에 동상을 세울 때부터 정치적인 배경이 있는 건 아니냐는 의심이 있었어요.

예컨대 지금 광화문에 있는 세종대왕 동상을 만든 사람은 김영원이라는 조각가입니다. 이 사람은 이승만, 박정희 동상을 만든 사람이기도 해요. 그런데 김영원의 스승이 우리나라 현대 조각계의 대표적인 인물인 송영수라는 사람입니다. 1960년대 추상 조각을 대표하는 인물이었지요. 당시에는 매우 획기적인 작품을 만들었습니다. 그런데 이분이 박정희 정권 시절의 국가주의적 미술 통치에 적극적으로 참여하면서 국내에 수많은 상징물을 세웁니다. 전국적으로 충현탑이나 전적비 같은 작품들을 만들었지요. 그 제자인 김영원 역시 국가주의적인 기념비를 많이 만들었습니다. 그 연장선상에서 세종대왕 동상이 들어섰지요. 이처럼 어떤 공간이 재배치되거나 새로운 건축물이 들어설 때 정치권력의 의지가 반영되는 경우가 많습니다.

중산층의 문화적 욕망도 도시의 장소 배치에 영향을 미칩니다. 보시면 알겠지만 새롭게 개발되는 지역에는 항상 값비싼 쇼핑몰이나 주거 시설이 들어섭니다. 그 과정에서 원래 살던 사람들이 쫓겨나지요.

여러분 젠트리피케이션gentrification이라고 많이 들어보셨을 거예요. 건물이나 지역을 재개발하면서 원주민이나 세입자가 쫓겨나는 현상을 말해요. 홍대 앞이나 경리단길, 망원동 지역은 원래 예술가들이 모여서 다양한 시도들을 했던 지역입니다. 그러다 사람들이 모이고 장사가 잘되자, 집주인들이 임대료를 올립니다. 이를 감당하지 못하는 사람들은 지역에서 쫓겨납니다. 정작 지역 경제를 활성화시킨 주역들은 불이익을 받고 집주인들은 이들을 내쫓고 건물을 새로 올려요. 그러면서 원래의 모습을 잃게 됩니다.

젠트리피케이션은 '젠트리'gentry의 동사형입니다. 젠트리란 19세기 유럽의 중산층을 일컫던 말이에요. 프랑스의 부르주아, 우리나라의 선비나 일본의 사무라이가 아마 여기에 해당할 거예요. 사무라이 하니까 칼 들고 설치는 무사 이미지를 떠올리기 쉬운데 일본의 유학자이자 중간 관리 집단입니다.

유럽에서는 시민 혁명 후 시민 계급이 그동안 왕과 귀족에게 집중되어 있던 권력을 가져왔습니다. 영국에서는 이들을 젠트리라고 불렀어요. 지방의 토지를 차지하고 있는 계급이었습니다. 당시 젠트리의 자제들이 도시로 나와서 무역도 하고 공장도 운영해서 많은 돈을 모았습니다. 이들은 왕족이나 귀족을 두려워하지 않았습니다. 든든한 토지를 배경으로 도시에 진출해서 산업 혁명을 일으켰습니다. 이들은, 기존의 지배 계급과는 다른 독특한 문화적 스타일을 추구하게 되지요. 이 말을 활용하여, 도심지가 중산층의 경제적 이해와 문화적 취향으로 급속하게 (재)개발되는 현상을 '젠트리피케이션'이라고 부르게 된 것입니다.

한때 '디자인 서울'이 유행했던 적이 있습니다. 당시 오세훈 서울 시장은 가히 서울 전체를 '젠트리피케이션'하려고 했어요. 도시 여기저기를 디자인해서 화려한 구경거리를 만들고 파리, 시드니 못지 않은 도시로 만들겠다고 했습니다. 예컨대 '한강르네상스'를 외치며 엄청난 예산을 쏟아부었지요. 그러다 보니 도시는 화려해지고 또한 거대해졌는데, 인간적 삶은 파괴당하고 왜소해졌습니다.

젠트리피케이션은 필수적으로 소외를 낳습니다. 피해를 보는 사람이 생겨요. 2009년 1월 20일 서울시 용산 4구역 철거 현장에서 화재 사건이 발생합니다. 이 일로 당시 농성 중이던 세입자와 진압 경찰관이 사망해요. 우리가 익히 알고 있는 '용산 참사'입니다. 이 사건 이후로 얼마나 많은 사람들이 아파했습니까? 공권력이 보여 준 행태는 참으로 반인권적이었습니다. 재개발 이익에 눈이 먼 거대 건설사와 이를 눈감아준 행정 당국은 그렇다 쳐도 시민의 생명을 지켜야 할 경찰이 철거민들을 '진압'하는 데 동원됐다는 사실에 많은 이가 분노했어요.

개발 진행 당시 구청 건물에는 다음과 같은 대형 현수막이 걸려 있었어요.

"구청에 와서 생떼거리를 쓰는 사람은 민주시민 대우를 받지 못하오니 제발 자제하여 주시기 바랍니다."

공무원 입장에서 보면 개발에 반대하는 사람들의 집회가 불편하고 성가실 수 있어요. 시민들에게 자제를 요구할 수도 있지요. 그러나 너무도 야박한 현수막 아닙니까. 사람이 죽든 말든 우리는 상관 안 한다는 식의 선언처럼 느껴지지 않는지요?

드라마 세트장처럼 변하는 도시

도시를 볼거리로 만드는 과정에서 장소 상실이 나타나고 정치권력 혹은 중산층의 욕망이 그 안에 투영된다고 말씀드렸습니다. 그렇다면 그 끝은 어디일까요? 도시 자체가 하나의 거대한 드라마 세트장처럼 변하게 됩니다.

지금도 지역에 가면 무슨 드라마 촬영지라고 소개된 곳이 많이 있지요. 사람들이 세트장을 구경하고 그 앞에서 사진을 찍습니다. 주변에는 음식점이 들어서고 기념품을 파는 가게도 생겨요. 지방자치단체에서는 이를 적극 지원합니다.

예컨대 우리가 어느 지역에 가면 그곳에 역사적인 장소들이 많잖아요? 산이나 계곡도 있고 사찰도 있을 겁니다. 과거에는 그런 장소들이 그 지역을 대표하는 관광지였어요. 지금은 그보다 드라마, 영화 촬영지가 더 인기가 높습니다. 당연히 그 지역민의 삶이랄까 현실은 화려한 세트에 가려지고 말지요.

요즘은 시골 마을에 마을 벽화 그리기 사업을 합니다. 오래되고 낡은 지역의 담벼락에 이런저런 그림으로 장식해서 분위기를 새롭게 하지요. 사는 사람도 좋고 보는 사람도 좋습니다. 그런데 간혹 그 맥락을 무시한 채 외부 치장용으로만 생각하는 경우가 있어요.

2007년 전북 진안 백운면의 한 마을에서 전주대학교와 함께 '멋진 마을 멋진 간판 만들기 사업'을 완료했다는 기사가 나옵니다. 오래된 가게들 간판을 젊은 대학생들이 멋지게 바꿔준 거예요. 기사에 실린 사진을 보니 단지 간판만 바꿨을 뿐인데 마을 전체가 새롭게 태어난 느낌이었습니다. 이후 서울을 비롯한 수많은 도시에서 비슷한 작업들을 합니다. 낡은 간판은 물론 허물어진 담벼락에 그림을 그리고 색칠을 해요. 부산 감천마을도 그렇고 통영 동피랑마을도 그렇게 해서 '지역 활성화'에 성공한 사례로 꼽힙니다. 주민들의 참여가 중요한 요인이었다고 합니다. 운영 방식이 민주적이어서 예컨대, 벽화를 그릴 때 주민이 싫어하는 그림을 그리지 않는다는 원칙이 있었어요.

그런데 비슷한 사업을 실시하는 지역에서 가끔 문제가 생길 때가 있습니다. 관공서에서 일방적으로 시행하기 때문이에요. 거기 사는 사람들은 생각하지 않고 관광객들에게 보기 좋게 꾸미는 데만 신경을 쓰다 보니 다툼이 생깁니다. 또 일시적인 사업 추진으로 그 후에 유지 보수하는 데 어려움이 생기기도 해요.

앞서 말씀드린 통영 동피랑이나 부산 감천마을은 예술가들이 상주를 하거나 정기적으로 방문을 합니다. 지자체에서 생활비를 일정 부문 대주고 예술가들은 거기 살면서 자기 예술 작업을 하면서 마을의 벽화를 깔끔하게 관리도 하지요.

제가 벽화나 간판 그리기 사업을 예로 든 이유는 이것이 잘되려면 지역민들과 함께 소통하면서 진행되는 '지역 살리기'여야 하기 때문입니다. 그래야 성공하고 지역민들도 만족합니다. 드라마 세트장 만들듯이 외관만 치장하다 보면 문제가 생겨요. 구경꾼의 시각이 아닌 거기서 살아가는 사람의 눈으로 보아야 합니다.

도시에 사는 사람은 시골 농촌 마을에 가면 모두가 새롭게 보입니다. 아름다운 자연은 말할 것도 없고 낡은 담벼락 아래 나란히 서 있는 장독대며 마당에 심은 나무며, 바깥에 내다 넌 빨래까지 마냥 신기하기만 해요. 그래서 정작 그곳에 사는 사람의 입장은 생각을 안 합니다. 문을 열고 들어가거나 허락도 받지 않고 사진을 찍어요. 심지어 남의 물건들을 만져보기까지 합니다. 사는 사람은 힘들어도 관광객 입장에서는 '낭만'인 거예요.

딘 맥카넬이 쓴 『관광객 The tourist』이란 책이 있습니다. 오래전에 번역되어 출간되었으나 지금은 절판되었습니다. 이 책의 부제가 'A New Theory of the Leisure Class'입니다. 우리말로 하면 '신新 유한계급론' 쯤으로 번역할 수 있겠네요. 이 책에서 저자는 오늘날 관광객은 더 이상 새로운 것, 신기한 것, 낯선 것을 찾지 않는다고 합

지금도 지역에 가면 무슨 드라마 촬영지라고 소개된 곳이 많이 있지요. 사람들이 세트장을 구경하고 그 앞에서 사진을 찍습니다. 주변에는 음식점이 들어서고 기념품을 파는 가게도 생겨요. (…) 그 지역민의 삶이랄까 현실은 화려한 세트에 가려지고 말지요.

니다. 대신 이미 알고 있는 것을 확인하러 가요. 이제 관광은 심리적인 활동이 됩니다. 즉, 새로운 볼거리는 도시에 더 많은데도 시골에 가는 경우가 있잖아요. 그러면 시골에 왜 가느냐? 우리는 '시골'에 대해 가지는 어떤 기대가 있습니다. 공기가 좋아야 하고 인심이 좋아야 해요. 시골은 또한 도시인, 다시 말하여 시골을 소비하게 되는 관광 소비자의 입맛에 맞게 자신들의 삶을 재구성해야만 해요.

레이먼드 윌리엄스는 『시골과 도시 *The Country and The City*』라는 책에서 영국 잉글랜드의 도시와 시골의 관계에 대해 이야기합니다. 자본주의가 발달하면서 도시가 팽창하고 그러면서 주변 지역을 약탈하는 과정이 잘 나타나 있어요. 그래서 실제로 시골이 피폐해지는데 사람들 기대는 정반대로 가는 거예요. 시골은 항상 따뜻하고 온정이 넘쳐야 합니다. 현실과 욕망 사이에 괴리가 커져요. 도시는 시골에다가 이런 이미지를 강요하고 시골은 겉으로라도 그럴듯하게 보이도록 치장합니다.

우리의 역사적 경험도 이와 같습니다. 산업화가 진행되면서 도시로 사람들이 몰리지요. 일자리를 찾아서 상경한 사람들로 서울 인구는 급증했고 시골에서 똑똑한 사람은 서울로 유학 보내는 게 관례가 되다시피 했습니다. 이런 현상은 지금도 현재 진행형이고요. 그 결과 도시와 지방의 격차는 그 어느 때보다 심해졌습니다. 부의 집중으로 지역 경제가 피폐해진 것은 어제오늘 일이 아니에요. 이제 '공기 좋고 인심 좋은 시골 마을'은 도시 사람들의 머릿속에 있는 환상에 불과해요. 때로 이를 증명하고자 마을의 겉모습을 바꾸

기도 합니다.

예컨대 지난 2013년, 인천시 중구 송월동에 '동화마을'이라는 곳이 생겼어요. 낙후하고 가난한 동네로 지역 주민들은 늘 치안에 대해 불안해했습니다. 아이들이 갈 곳이 없어서 공부방을 만들어달라는 민원도 계속됐지요. 교통도 불편해서 마을버스 증차 같은 것도 필요했고요. 그런데 중구청은 어떤 일을 벌였느냐면 이곳을 관광지로 만들어요. 예산을 투입해서 온 동네를 알록달록하게 치장합니다. 다양한 볼거리를 설치하고 집 담이나 건물 외관에 동화 속 캐릭터를 그려 넣었어요. 마을 입구에는 커다란 아치가 들어섰습니다.

길을 거닐다 보면 마치 디즈니랜드에 온 것 같습니다. 백설공주, 오즈의 마법사, 흥부와 놀부 등 어렸을 때 보았던 동화 속 주인공들이 여기저기 그려져 있으니까요. 처음엔 마을 주민들도 좋아했습니다. 우리 지역도 발전하겠구나 하고 생각했지요. 그런데 시간이 지날수록 지역 경제에 별 도움이 안 된다는 걸 알게 됩니다. 사는 모습이 그대로 관광객들에게 노출되는데도 돌아오는 게 없어요. 사람들이 모여드니까 돈 있는 사람들이 그곳에 와서 가게를 차립니다. 장사가 잘돼도 주민들에게 그 혜택이 돌아가지 않아요. 앞서 통영 동피랑이나 부산 감천마을과는 달랐던 겁니다. 그곳에서는 주민 조합을 만들어서 수입 중에서 마을 유지를 위한 일정 비용을 제한 후 적절히 분배를 하거든요. 동화마을 주민들도 이런 식의 '개발'이 결코 자신들에게 도움이 되는 것이 아니라는 걸 곧 알게 됩니다. 지역민들이 '볼거리'가 되고 돈은 외지인이 벌게 되었으니까요.

더욱이 관광객들이 저마다 카메라를 한 대씩 메고 마을을 구경합니다. 거기 사는 사람들을 찍고, 심지어 문 열어놓은 집 안도 찍어요. 그래야 '그림'이 나오거든요. 낭만과 감상을 즐기려는 사람들 앞에 타인의 삶은 구경거리가 되어버립니다.

이것이 오늘날 우리의 도시에서 벌어지고 있는 일이에요. 도시의 팽창과 함께 우리의 삶은 계속해서 왜곡되고 있습니다. 그러면 이제 본격적으로 '인권' 차원에서 어떤 일이 벌어지는지 알아보겠습니다. 먼저, 노동에 대해 생각해보지요.

미술관이 된 발전소

영국의 런던에는 테이트 모던 미술관이 있습니다. 2000년 5월 12일 개관한 테이트 모던은 영국 정부의 밀레니엄 프로젝트의 일환으로 템스 강변의 뱅크사이드^{Bankside} 발전소를 새롭게 리모델링한 곳에 들어섰습니다. 뱅크사이드 발전소는 2차 세계대전 직후 런던 중심부에 전력을 공급하기 위해 세워졌던 화력발전소입니다. 지금도 건물 중심에 거대한 굴뚝이 자리하고 있지요. 문을 닫은 발전소가 현대 미술을 상징하는 건물로 거듭난 거예요.

그런데 왜 이들은 굳이 화력발전소 건물의 외형을 그대로 유지했을까요? 우리였다면 허물고 그 위에 좀 더 고급스러운 건물을 짓지 않았을까요? 바로 당대의 삶을 기억하고자 했기 때문입니다. 이 발전소는 2차 대전 이후 영국인들의 삶을 고스란히 담고 있습니다. 그래서 부수는 대신 내부만 바꾸어 건물은 계속 그 자리에서 있게끔 결정한 거예요. 그렇다면 영국인들이 이런 식으로 해서 보존하고자 했던 '기억'은 무엇일까요? 어쩌면 '석탄'으로 상징되는 영국의 근대화와 이제는 역사의 뒤안길로 사라진 굴뚝 산업은 아닐까요?

역사를 기억하는 장소는 또 있습니다. 이번에도 영국입니다. 아시다시피 영국에서 노동운동은 1980년대 이후 쇠퇴기에 들어섭니다. 마거릿 대처가 집권한 1979년부터 1990년까지 영국에서 어마어마한 대량 해고가 이어집니다. 사람들은 실직의 고통 속에서 살게 되지요. 이때 광부들을 중심으로 거센 저항이 있었는데 바로 1984~85년에 있었던 광부 대파업이었습니다. 영국 사회를 뒤흔든 일대 사건이었지요. 결과적으로 노동조합이 복귀를 선언하고 이후 대처의 보수주의 정책이 이어지게 되지만, 지금도 많은 사람들이 당시를 기억합니다. 특히 뉴캐슬, 셰필드, 선덜랜드 등에서 매우 격렬한 저항이 있었어요. 선덜랜드의 축구장에는 그 기억이 담겨 있습니다.

영국 프리미어리그 팀 중에 선덜랜드 AFC가 있어요. 기성용 선수가 한때 속했던 팀인데요. 홈구장 이름은 '빛의 경기장'stadium of light입니다. 무슨 뜻일까요? 이들이 말하는 '빛'은 바로 광산 노동자들의 희망을 의미합니다. 컴컴한 지하에서 한 줄기 빛에 의지해 살았던 삶을 담은 이름인 거예요. 선덜랜드는 영국 노동운동의 근거지입니다. 노동당의 주요 인사들을 배출한 곳이기도 하고요. 이 축구장의 서쪽 출입구에 광산 노동자 가족 동상이 서 있습니다. 축구 경기장이 서쪽 출입구는 '정문'이라고 할 수 있습니다. 낮에 경기를 할 경우 서쪽 스탠드가 뜨거운 태양을 피하기에 좋기 때문이지요. 이른바 '본부석'이 대개 서쪽에 있습니다. 이 서쪽 출입구, 즉 경기장의 '정문'에 노동자 가족의 동상을 세웠다는 것은 그만큼 자신들의 삶을 자랑스러워하고 그 정체성을 지키기 위해 노력한다는 뜻이겠지요.

런던 올림픽에서 만난 노동

2012년 런던에서 올림픽이 열렸습니다. 개막식이 화려했죠. 여러분은 '개막식' 하면 뭐가 떠오릅니까? 민족의 역사니 자긍심이니 하는 말이 생각나지 않으세요? 한복 입고 부채춤을 추거나 우리 경제가 얼마나 성장했는지를 영상으로 보여주거나, 세계 평화와 인류 화합 등의 메시지를 생각하게 됩니다. 다른 나라 올림픽 개막식을 봐도 대부분 그런 내용으로 채워져 있고요.

그런데 런던 개막식에서는 거대한 굴뚝이 등장합니다. 그리고 그 주변으로 가난한 사람들이 모여들어요. 이 공연은 산업 혁명과 노동운동, 여성 참정권 운동, 일자리 쟁취 투쟁, 환경운동 등을 다룹니다. 또한 그 메인 스타디움을 만든 건설 노동자들이 성화의 마지막 봉송 주자를 맞이합니다. '노동'을 사실상 금기시하는 우리로선 상상도 할 수 없는 멋진 연출이었어요. 여러분도 잘 알다시피 영국은 산업 혁명이 태동한 곳입니다. 비약적으로 생산력이 증가하면서 삶이 윤택해졌지만 한편 비참한 노동으로 신음하는 사람들이 생겼습니다. 런던 올림픽 개막식에서 보여준 것은 발전과 성장이라는 '환상'이 아닌 그 안에서 살아온 영국인들의 삶 자체였어요. 무척 감동적이었습니다.

산업 혁명은 우리 삶에 엄청난 변화를 불러옵니다. 그러나 빛이 있으면 명암이 있듯이 그 변화가 항상 좋은 것만은 아니었어요. 기존의 농촌 공동체가 산업 도시로 재편되면서 농사짓던 사람들이 노동자로 변했습니다. 장시간 노동, 저임금의 고통에 시달리게 되지요. 우리도 그랬습니다. 그러나 사람들은 '발전'만 보지 '노동'은 보지 못해요. 어쩌면 의도적으로 외면하는지도 모릅니다. 그렇게 해서 지나온 우리 삶을 온전히 볼 수 있을까요? 산업화의 원조격인 영국인들이 그들의 삶을 기억하는 방식을 본받을 필요가 있습니다.

윌리엄 블레이크라는 시인이 있습니다. 『밀턴 *Milton a Poem*』이라는 시집 서문에 '아득한 옛날 저들의 발길은'And did those feet in ancient times이라는 시가 실려 있어요. 거기서 시인은 제분 공장을 "악마의 맷돌"dark satanic mills이라고 표현합니다. 시인이 살던 시기에 들어선 제분 공장은 증기기관의 힘으로 돌아갑니다. 이 때문에 전통적인 방앗간들이 하나둘 사라지게 되지요. 시인은 이를 전통적인 가족 관계, 종교적 도덕, 오래된 마을 공동체 규약들의 해체에 대한 상징으로 보았던 거예요. 영국 초등학교에 다니는 아이들도 배우는 '국민 시'가 이렇습니다. 우리 같으면 '반기업 정서'를 유포한다고 금지할 법한 내용이지요.

런던 올림픽 개막식을 연출한 대니 보일 감독은 이 시로부터 영감을 받아서 런던의 가장 어려웠던 시절을 재현해냈습니다. 하지만 이런 내용들은 우리나라에 거의 소개되지 않았지요. 같은 장면을 보면서도 다르게 해석합니다.

그때 라디오에서 런던 올림픽 개막식 중계를 하고 있었는데, 제가 일핏 들어보니 '대영제국으로 발돋움하는 산업 혁명의 찬란한 기운'쯤으로 묘사하더라고요. 아마 일부러 왜곡하지는 않았을 겁니다. 보통 우리가 생각하는 영국은 선진국이고 잘사는 나라잖아요. 그러니 그 굴뚝이 곧 발전의 상징으로 여겨졌겠지요.

그런데 개막식에서는 이 시기가 '팬더모니엄'Pandemonium으로 명명됩니다. 존 밀턴의 『실낙원』에 나오는 악마의 도시예요. 여기 보면 타락한 천사들이 하느님한테 맞서다가 지옥으로 떨어지죠. 그 안에서 자기들끼리 도시를 건설하는데 거기가 바로 '팬더모니엄'입니다. 앞서 '악마의 맷돌'을 말했던 시인 윌리엄 블레이크는 바로 그 도시가 런던이라고 말했어요. 너무 비관적이지 않나요? 그래서 이 개막식을 두고 영국 내에서도 논쟁이 있었어요. 세계의 이목이 집중되는 행사에 굳이 그런 비관적인 내용을 집어넣었어야 했느냐, 좌편향 아니냐 하고 말이지요. 여기에 대해 연출을 맡은 대니 보일 감독은 "누구나 좋아할 수는 없다. 그러나 우리가 옳다고 느끼는 가치들이다"라며 소신 있게 답합니다.

대니 보일 감독의 이력을 보면 이해가 됩니다. 그는 영화 〈트레인스포팅 trainspotting〉1996년으로 일약 스타덤에 올랐습니다. 스코틀랜드 청년들의 방황을 그린 내용이었지요. 대니 보일은 1956년생입니다. 대처 수상이 집권한 시기에 청년기를 보냈어요. 당시 일자리를 잃고 하루하루 희망 없이 살아가던 청년들의 삶이 영화에 고스란히 담겨 있습니다. 그에게는 외형상 성장이 아닌 당대의 삶이 더욱 중요했던 거예요. '대영제국'의 영광을 재현하기보다 노동의 기억을 되살리는 데 개막식의 초점이 맞추어졌던 이유입니다.

그다음에 개막식에서 눈길을 사로잡았던 것이 '재로 행진'Jarrow

crusade의 묘사였습니다. 어쩌다 보니 제가 축구를 테마로 하는 여행 안내를 할 때가 있는데요, 영국에 가면 꼭 들르는 데가 있습니다. 런던에서 시작해서 맨체스터, 리버풀, 뉴캐슬 같은 유명한 도시를 들른 다음에 꼭 '재로'Jarrow라는 곳에 가요. 영국 동북부에 있는 작은 마을인데요. 1936년 그 유명한 재로 행진이 시작된 곳입니다. 대공황의 여파로 실업자가 넘쳐나던 때였어요. 당시 실업자 200여 명이 런던까지 무려 480킬로미터를 행진했습니다.

영국인들에게 국가는 일자리를 제공할 의무가 있는 계약 당사자입니다. 토머스 홉스가 사회 계약론을 말했잖아요. 우리가 누릴 자유를 조금 떼어줄 테니 국가 권력이 대신 우리를 안전하게 해다오, 생계유지를 위한 일자리, 교육, 복지 이런 서비스를 제공해다오, 하는 게 그쪽 사람들의 기본적인 인식이잖아요. 지금 영국의 젊은이들이 "재로의 시민들을 기억하라"를 외치며 행진합니다. 그쪽도 청년 실업이 심각한 상태거든요. 제가 그런 역사적 사실을 알리면 여행에 참가했던 사람들이 숙연해져요. 우리도 그들과 사정이 크게 다르지 않잖아요. 놀랍게도 올림픽 개막식에서 재로 행진을 재현한 장면을 다시 만날 수 있었어요.

그다음에, 여성 참정권 운동을 묘사한 장면도 등장합니다. 1910년대 복장을 한 여성들이 어깨에 띠를 두르고 손에는 팻말을 들고 등장합니다. 그중에 "모든 나라, 모든 사람들을 위하여"라는 글귀도 있었습니다. 보는 순간 가슴이 뛰더군요.

말이 나온 김에 여성 인권에 대해서 잠깐 말씀을 드리겠습니다.

우리나라의 공공 행사에서 등장하는 '여성'은 어떤 이미지입니까? 정적이고 아름다운 이미지로 나타나지요? 한복을 입고 행복한 표정을 지으며 고풍스러운 춤을 춥니다. 공연하는 가수들을 보면 '한국의 미'를 표현하기 위해 애씁니다. 전통 판소리나 국악에서 등장하는 '심청'은 어떻습니까? 아버지의 눈을 뜨게 하려고 인당수에 몸을 던지지요? 옛날이야기에 등장하는 여성이 항상 심청처럼 희생적인 이미지로 나타나는 건 아닐 테지만, 상대적으로 공연이나 행사에는 이런 '여성 캐릭터'가 자주 등장합니다. 특히 처녀의 인신공양으로 공동체를 지킨다는 서사는 아주 오래되었어요. 서양 신화에도 나옵니다. 큰 가뭄이나 수해 때 혹은 거대한 괴물로부터 공동체를 지키기 위해 처녀를 바쳤다는 이야기, 그쪽 사람들에게도 익숙합니다. 그럴 수 있습니다. 역사적으로 여성들이 차별받는 시기는 분명히 존재했으니까요. 문제는 오늘날에도 공공 행사에서 이런 이미지를 계속 쓴다는 거예요.

예컨대 2014년 인천 아시안 게임 개막식에 심청이 등장해 바다에 빠지는 장면이 나오는데요. 이 덕분에 아시아에 평화가 찾아오고 인천이 발전한다는 식으로 묘사가 돼요. 좀 슬프지 않나요? 예전에는 그럴 수 있지만 21세기의 국제 행사라고 하기에는 시대착오적인 부분이 있습니다. 변화한 사람들의 인식을 반영하지 못하고 있는 거예요. 런던 올림픽처럼 노동을 전면에 내세워야 한다는 이야기가 아닙니다. 좀 더 보편적이고 많은 사람들이 공감할 수 있는 내용을 담았어야 한다는 거예요. 국수주의적 신화에 바탕을 둔 남성 서사가 얼마나 많은 사람들의 마음에 다가갈 수 있었을까요? 우리 전통문화의 우수성을 알리고자 했다는 취지를 이해 못 하는 바는 아닙니다. 그러나 '전통'에 대한 인식이 바뀌어야 해요. 전통과 보편성은 다르지 않습니다. 우리가 오해하고 있는 부분이, 전통이라는 게 다른 나라에는 없고 우리나라에만 있다고 생각하는데 그렇지 않아요. 함께 나눌 수 있는 가치에 대해 생각해야 합니다.

삶을 만날 수 있는 도시

독일의 북서쪽에 위치한 노르트라인베스트팔렌 주에는 전통적인 산업 도시들이 많이 있습니다. 그중에서도 루르 강을 중심으로 뒤스부르크, 도르트문트, 에센 같은 도시들이 모여 있는 곳이 있는데요, 전통적으로 철강과 석탄 산업이 발달했습니다. 특히 에센에는 졸퍼라인Zollverein이라는 탄광이 있었는데, 1986년 폐광되기까지 세계 최대의 석탄 생산 지대였어요. 그러다가 석탄 산업이 사양길로 들어서면서 쇠락합니다. 우리로 치면 강원도 탄광 지역과 비슷하다고 할까요? 그러다가 변화의 계기가 생기는데, 2010년 이곳이 '유럽 문화 수도'로 지정됩니다. 독일 주 정부는 이를 계기로 기존 탄광 시설을 개조해 역사와 문화가 있는 공간으로 재탄생시킵니다. 세계적인 건축가들이 참여해 박물관, 극장, 디자인 센터, 공원 등을 만들지요.

대표적인 건물로 '레드닷 디자인 박물관'이 있습니다. 여러분도 이름을 들어봤을 '레드닷 디자인 어워드'라는 권위 있는 국제 디자인 공모전을 주관하는 노르트라인베스트팔렌 디자인센터'가 운용하는 건물입니다. 영국 출신의 건축가 노먼 포스터Norman Foster가 설계했는데 광산 시설로 쓰였을 당시의 외관을 그대로 유지하고 있어요. 건축 설계 분야의 최고 전문가로 꼽히는 그는 왜 기존의 건물을 부수지 않고 그대로 이용했을까요? 그 건물에는 탄광 지역의 삶과 역사가 그대로 담겨 있었기 때문이에요. 그는 이걸 지우고 싶지 않았던 겁니다. 이처럼 이 지역의 건물들은 대부분 과거의 흔적을 그대로 유지하면서 정교하게 리뉴얼해서 사용하게 됩니다.

탄전 지대에서는 루르트리엔날레ruhrtriennale라고 하는 예술제가 열립니다. 여기에 참여하는 예술가들은 실험적이고 전위적입니다. 기존의 극장에서 볼 수 없는 성격의 전시와 공연이 많아요. 예컨대 우리로 치면 국립극장에 올리기에 조금 파격적이다 싶은 작품들을 이곳으로 가져오는 거예요. 그만큼 기상천외한 공간들이 많이 있기 때문입니다. 이렇게 에센의 탄광 지역은 과거 산업화의 영광과 노동의 기억을 고스란히 간직한 채 문화와 예술의 도시로 거듭나게 됩니다.

이곳 탄전 지대를 연고지로 하는 분데스리가 축구팀이 여럿 있습니다. 그중 하나가 MSV뒤스부르크라는 팀인데요, 우리나라의 안정환 선수가 이 팀에서 잠깐 뛰었었죠. 뒤스부르크라는 도시도 과거 폐광 지역이었습니다. 그러다가 최근에 유럽 최고의 익스트림스포츠 타운으로 주목받게 되지요. 또 'FC샬케04'라는 팀도 있어요. 에센 북쪽에 있는 도시 겔젠키르헨을 연고로 합니다. 이 팀의 홈구장에 보면요, 라커룸이 긴 갱도처럼 생겼습니다. 여길 지나서 경기장으로 나가요. "우리는 탄광의 자식들이다." 이런 메시지를 주고 있는 거예요. 실제로 라커룸에 "우리는 모두 광부와 노동자들의 자식들이다"라고 쓰여 있습니다.

이번엔 우리 이야기를 한번 해보겠습니다. 여러분, 독일 광부들 하면 어떤 생각이 떠오르십니까? 어둡고 좁은 갱도에서 땀 흘리며 일하는 노동자들이 생각나지요? 그런데 여기에는 한국인도 있었습니다. '파독 광부'가 바로 그 주인공이에요.

2차 세계 대전이 끝났을 때, 독일은 폐허였습니다. 사람들도 전쟁터에서 많이 죽었어요. 재건을 위해 힘써야 했을 때 일할 사람이 부족했습니다. 그래서 외국에서 노동자들을 데려오는데 '파독 광부'도 그중 하나였던 거예요. 한국만 그랬던 것이 아닙니다. 가까운 터키에서도 독일로 많이들 몰려갔어요. 영국 작가 존 버거의 『제7의 인간』에 보면 1970년대 유럽의 이민사가 잘 담겨 있습니다.

어쨌든 그래서 우리나라에서도 1960~70년대에 독일로 건너가 광부 생활을 하신 분들이 많습니다. 황석영의 자전적 소설 『수인』에 보면 방북 후 독일에서 망명 생활을 할 때 이야기가 나오는데요. 독일로 돈 벌러 갔던 분 중에 그곳에서 노동운동이라는 신세계를 만나고 그러면서 한국의 분단과 민주주의를 위해 헌신한 분들에 대해 씁니다. 우리나라에서야 그분들을 달러를 벌어들이기 위해 이역

만리 타국에서 고생하는 '산업 전사'로 보지만 정작 그분들은 자신들의 삶과 기억을 가지고 살아가고 있었다는 거예요.

잠깐 상상을 해보겠습니다. 아마도 당시 독일로 갔던 분 중 어떤 분은 앞서 말씀드린 루르의 탄광 지역으로 갔을 거예요. 누구는 뒤스부르크로 누구는 에센으로 갔겠지요. 거기서 광산 노동자가 됩니다. 우리나라 같으면 그냥 시키는 대로 일하고 주는 대로 받겠지만 그곳은 달랐겠지요. 그들은 노동조합에 가입합니다. 당시 한국에서 '노동조합'은 금기였잖아요. 그런데 가서 일하다 보니까 금기는커녕 노동조합은 나의 삶을 지켜주는 곳이었습니다. 인식이 달라졌지요. 1960년대에 독일로 건너가 광산 노동자로 사셨던 분들의 회고록을 보면, 고향에 대한 그리움 때문에 눈물로 지새운 적은 있어도 광부라서, 노동자라서, 차별받은 일은 거의 없었다고 얘기합니다.

우리나라의 대표적인 탄광 지역이었던 강원도 정선의 사북 지역에서는 해마다 석탄 문화제가 열립니다. 또 '탄광문화 관광촌'을 조성해서 관광객들이 당시 시설들을 관람하고 갱도 체험도 해요. 거기 한 연탄 회사 건물에는 커다란 걸개그림이 걸려 있는데 그 아래 이렇게 쓰여 있습니다. "나는 산업 전사 광부였다."

당대의 삶을 기억하고 보존하는 대신 '구경'하고 '산업 전사'라는 호명으로 그때의 치열했던 노동을 치장합니다. 그 안에는 '노동'을 국가를 위한 '희생'쯤으로 여기는 생각이 깔려 있어요. 더욱 안타까운 것은 강원도 정선 같은 전통적 탄광 도시에 아예 도박 시설인 '카지노'가 국가 주도로 들어섰다는 거예요. 지금 사람들이 일확천금을 꿈꾸며 옛 탄광 지역에 들어갑니다. 정선은 전당포가 즐비하고 가산을 탕진한 사람들이 노숙자로 방황합니다. 왜 이렇게 됐을까요?

스페인의 광산 도시 빌바오는 구겐하임 미술관을 유치했습니다. 독일은 광산 도시를 예술의 도시로 바꿨어요. 그 정도는 아니더라도 최소한 그때 고생했던 사람들의 삶을 존중하는 마음이 있어야 하지 않을까요? 어쩌면 우리는 그때의 가난과 열악했던 삶을 기억에서 지우고 싶어 하는지도 모릅니다. 하지만 그게 최선일까요?

인정하든 인정하지 않든 우리 대부분은 노동자이거나 노동자의 아들딸입니다. 그런데 우리는 '노동자'라고 생각하지 않아요. '직장인'이거나 '회사원'이라고 합니다. 교육의 문제를 지적하는 분도 계십니다. 우리 사회는 비정규직, 노동조합, 근로기준법, 노조 관계법, 산업 재해 등등에 대해 거의 가르치지 않습니다. 고등학교 사회 교과서에서 이러한 분야는 매우 미미하게 적혀 있고 그나마도 제대로 된 내용이 아닌 경우도 있습니다.

학교에서 배우지 못하니 어디서 알게 될까요? 신문이나 방송을 통해 간접적으로 들어요. 거기에 비치는 '노동'은 거칠고 과격하고 힘든 것일 뿐입니다. 임금이 오르면 노동자들의 삶이 나아진다고 보도하는 대신 회사의 입장만 대변합니다. 파업을 하면 시민들이 불편해하고 국가 경쟁력이 떨어진다는 사설을 거의 매년 신문에서 볼 수 있어요. 저는 여기에 보태서 '인간에 대한 존중'이라는 보편적 가치를 말씀드리고 싶어요.

자꾸 독일 이야기를 하게 되는데요. 그들은 전쟁을 기억하고자 무척 애를 많이 씁니다. 독일 수도 한복판에 유대인 박물관이 있어요. 유대계 미국 건축가 다니엘 리베스킨트가 설계했습니다. 외형을 보면 마치 채찍을 얻어맞은 듯이 군데군데 상처가 나 있습니다.

건물 안으로 들어가면 어두컴컴한 복도가 이어집니다. 그리고 '공백의 기억'memory of void이라는 작품을 만나게 돼요. 울부짖는 사람의 얼굴이 수없이 많이 깔려 있고 관람객은 그 위를 밟고 지나갑니다. 마치 "우리가 얼마나 가혹한 죄를 저질렀는가!" 하고 말하는 듯합니다.

베를린의 가장 중요한 장소 중 하나가 브란덴부르크 문이죠. 그 오른쪽에 국회의사당이 있습니다. 그 왼쪽으로는 곧바로 '홀로코스트 추모 공원'이 나옵니다. 피터 아이젠만이 설계한 곳으로 지난 2005년에 개장되었습니다. 유럽에서 희생당한, 바로 독일인 그들 자신에 의해 희생당한, 유대인들을 추모하는 공원으로 무릎 높이부터 4.7미터 높이까지 다양한 조형물이 2711개가 서 있습니다. 비석이자 관을 상징하는 미로 같은 구조물 사이를 걸으면서 전쟁과 학살을 거듭 생각하게 만들지요. 중요한 것은 도심지 한복판, 그것도 브란덴부르크 문이나 국회의사당 바로 옆에 조성되었다는 것입니다. 이 공원 뒤로는 일반 주택도 있습니다. 즉 도시의 일상 공간 안에서 그들의 가장 끔찍한 역사를 기억하는 것입니다. 자신들의 가장 잔인한 기억을 도시 한복판에 재현하는 거예요. '기억'하기 위해서 말입니다.

우리의 추모 공원은 이 기억을 '국가' 입장에서 구현합니다. 지역 곳곳에 있는 추모비, 전적비를 보면 알 수 있어요. 전쟁에 희생된 사람의 삶을 깊이 느끼게 한다기보다 우리가 어떻게 승리했는지, 어떻게 전쟁에서 이길 수 있었는지를 알리는 데 주력하는 느낌입니다.

그래도 상당히 뜻깊으면서도 조형적으로도 의미가 있는 작업들이 많이 있습니다. 대표적으로는 제주도 조천읍 북촌리의 너븐숭이 4·3기념관 공원 부지 내에 조성된 현기영 선생님의 참으로 가슴 아픈 소설 『순이 삼촌』 문학비는 그야말로 역사를 어떻게 기억하고 재현해야 하는가를 잘 보여준 장소라고 할 수 있습니다.

오늘 제가 말씀드린 내용을 요약하자면 바로 '삶'과 '기억'입니다. 우리가 사는 이 도시에서 과거의 삶을 만날 수 있어야 합니다. 과거를 지우고 화려하게 꾸민다고 해서 삶이 달라지지 않아요. 우리는 삶을 기억해야 합니다.

2강

인간은 왜 폭력을 행사하는가?

정주진

평화갈등연구소 소장

인간은
왜
폭력을
행사하는가
?

정주진

평화학을 전공하여 국내 1호 평화학 박사가 됐다. 평화학 전공자로서 한국 사회에 평화학의 토대를 만들어야 한다는 사명감과 책임감으로 고민하다 책 쓰는 일을 시작했다. 현재는 1인 연구소인 평화갈등연구소를 통해 독립적인 연구와 실천을 하고 있다. 저서로 『갈등해결과 한국사회』, 『평화학자와 함께 읽는 지도 밖 이야기』, 『평화를 보는 눈』, 『갈등은 기회다』 등이 있다.

인간은 왜
폭력을 행사하는가?

안녕하세요. 정주진입니다. 저는 오늘 평화에 대해 말씀드리고자 합니다. 과거에는 평화보다는 개발, 발전, 성장, 그리고 조금 나아가서 민주화, 인권 등이 우리 사회의 중요한 화두였습니다. 그러다 1990년대 말에서 2000년대 초반 무렵 평화 운동에 대한 관심이 우리 사회에서도 높아집니다. 다른 나라에 비하면 매우 늦은 것이지요. 전쟁을 겪은 나라로서 평화에 대한 관심과 열망이 커야 하는데 그렇지 못했던 겁니다. 운동을 넘어 평화가 보편적 주제로 사회적 토론 대상이 된 것은 그보다 더 늦은 비교적 최근입니다.

평화의 요소

요즘은 사회 각 분야에서 평화라는 단어를 쉽게 들을 수 있습니다. 전쟁 준비와 무력 대응을 주 업무로 삼고 있는 군에서도 평화를 말해요. 물론 그 평화는 제가 말하는 평화와는 다릅니다. 어쨌든 그 만큼 '평화'가 보편적 언어가 되었다는 것을 보여줍니다. 대부분의 사람들은 가치나 신념의 문제가 아니라 삶을 좌우하는, 삶의 질과 관련한 문제를 언급하면서 평화를 얘기합니다. 평화롭지 않은 삶은 고통스럽습니다. 평화롭지 않은 곳에서는 사람들의 생존이 위협받고 삶이 파괴당해요. 인간이 살아가는 곳이라면 어디에서나 비슷합니다. 특별히 두 차례의 세계 대전을 통해 인류는 이러한 사실을 혹독하게 깨달았지요. 전쟁 중에도 그랬지만 전쟁이 끝나자 평화에 대한 논의가 아주 활발해집니다. 20세기 중반 인류 최대의 과제는 전쟁을 막고 평화로운 인류 공동체를 만드는 일이 됩니다. 학문적 연구도 활발해지지요. 그때 생겨난 것이 바로 평화학입니다. 여러분에게는 조금 낯선 학문일 텐데요, 아직 우리나라 대학에는 정식으로 평화학이 개설되어 있지 않습니다.

여러분 '평화'란 무엇입니까? 뜻은 알지만 말로 표현하기가 쉽지는 않죠? 보통은 전쟁의 반대말쯤으로 이해하고 계실 거예요. 평화학에서 말하는 평화는 '폭력이 없는 상태'입니다. 전쟁도 폭력의 현상 중 하나지요. 그래서 평화학은 '폭력'에 주목합니다. 평화를 깨는 폭력의 원인이 무엇인지, 왜 폭력이 발생하는지를 연구합니다. 이것이 평화학이 우선적으로 하는 일입니다.

두 번째로, 평화학은 어떻게 평화를 성취할 것인가를 연구합니다. 그러기 위해 폭력을 최소화하거나 제거할 수 있는 사회 조건,

환경, 절차, 적용 방법 등을 고민하지요. 우리가 "폭력은 없어야 해!"라고 말한다고 해서 폭력이 사라지고 평화가 오는 건 아니잖아요. 평화에는 실천이 필요합니다. 그래서 평화적 방법에 의한 평화의 성취, 정착, 평화적 공동체 구축을 위한 방법을 구체적으로 고민하고 이론화하는 게 바로 평화학이 하는 일입니다.

지금 중동 지역에서는 전쟁이 계속되고 있지 않습니까? 이스라엘-팔레스타인 문제는 아직도 해결되지 않고 있고요. 그렇다면 이 폭력과 무장 갈등 상황을 어떻게 해결할 것인가? 평화학은 평화적인 방식 즉, 대화와 외교, 그리고 당사자 역량 강화를 통한 평화 회복과 정착 방법에 대해 연구하는 겁니다. 나아가 책상 앞에서의 연구에 그치지 않고 현장으로 가 실천합니다. 이론과 실천을 병행하는 것이지요.

'평화적 방법'은 평화학의 핵심입니다. 이 점이 다른 사회 과학과 평화학을 구분하는 중요한 특징이기도 하고요. 예를 들어, 어떤 지역에 폭동이 일어났다고 칩시다. 이유를 알아봤더니 사람들이 식량이 부족해요. 정부가 이를 해결하는 방법에는 여러 가지가 있습니다. 폭력적 진압도 그중 하나겠지요. 군대로 밀어붙여도 되고, 협박하거나 체포해도 됩니다. 그러면 표면적으로는 다시 조용해지고 정부는 평화가 회복됐다고 주장할 수도 있습니다. 그러나 이건 '평화'가 아닙니다. 겉으로는 조용해지겠지만 사람들 마음속에 분노와 억울함이 있고 식량 부족으로 인한 고통은 계속될 테니까요. 그러면 언젠가 비슷한 폭동이 더 강하게 일어나겠지요. 폭력적 방식을 동원해 사람들을 조용히 시키는 것으로는 평화를 이룰 수 없는 거지요. 평화학은 이런 폭력적 방법이 절대 평화를 가져올 수 없음을 학문적으로 주장하고 증명하며 평화적 방법을 통해 문제를 해결함으로써 진정한 평화를 이루는 이론과 실천 방식을 연구합니다.

세 번째로 평화학은 평화를 지속시킬 방법을 연구합니다. 일시적인 평화가 아닌 지속 가능한 평화, 항구적인 평화의 성취가 평화학을 연구하는 궁극적인 목표니까요. 예컨대 1953년 북한과의 휴전 협정으로 한국전쟁이 끝났잖아요. 그러면 지금 우리는 평화 상태입니까? 아니죠, 휴전 상태입니다. 언제든 다시 전쟁이 일어날 수 있어요. 지금도 남북 긴장 상태가 고조되고 있지요? 그럼에도 우리는 평소와 다름없이 살아갑니다. 긴장 상태로 살면서 수십 년간 단련이 되어 왔기 때문이에요. 외국인들은 이런 우리를 굉장히 신기하게 봅니다. 자기들 같으면 당장 사재기를 하고 어디로든 안전한 곳으로 숨을 텐데 한국인들은 안 그러거든요.

2017년 봄에 세계적으로 유명한 한 가수가 예정되어 있던 내한 공연을 취소했습니다. 북한의 핵실험 때문에 불안해서 한국에 못오겠다는 게 이유였어요. 본인은 하고 싶은데 주변에서 만류가 심하다고 설명합니다. 인터넷에 올라온 이 소식에 많은 댓글이 달려요. 이제 와서 갑자기 취소하면 어쩌냐는 겁니다. 그런데 그쪽 입장에서 보면 그게 아니거든요. CNN 같은 외신을 보면 당장 전쟁이 날 것처럼 보이잖아요. 2013년 봄에도 그랬습니다. 한반도 긴장 상태가 고조되고 전쟁 가능성이 언급됐어요. 당시 제가 외국 학생들에게 강의하는 수업이 있었는데요, 계속 저에게 물어봐요. 본국에 있는 가족들이 귀국을 종용하는데, 정말 괜찮은 거냐, 너희 나라 전쟁 안 나겠느냐, 이러면서 불안해했어요. 제가 그때 안심시키려고 한 말이 한국에 있는 CNN의 미국 기자들이나 거주하고 있는 미국인들이 동요하지 않고 한국에 남아 있는 한 안전하다는 거였어요. 진짜 전쟁이 임박하면 미국 정부가 이 사람들 다 철수시키거든요. 말은 그렇게 했지만 정말 심각한 상황이구나 하고 생각했습니다. 그러면서 우리가 휴전 상태라는 사실을 다시 한 번 실감했습니다. 이런 휴전 상태는 평화 상태라고 볼 수도 없고 평화의 지속이 가능한 상태도 아닙니다. 평화학은 이와 비슷한 상태를 어떻게 평화가 정착되고 지속되는 상태로 만들 것이냐를 고민합니다.

자, 그렇다면 우리는 어떤 상태를 평화라고 부를 수 있을까요? 그 이해를 돕기 위해서 평화의 요소에 대해 한번 살펴보도록 하겠습니다.

평화의 기본 요소는 세 가지예요. 관계성, 공동체성, 지속성입니다.

관계성이란 무엇일까요? 내가 평화롭게 살고 있는지, 내 삶이 평화로운지 알려면 나를 둘러싼 관계를 보아야 합니다. 관계에 폭력적 요소가 없는지를 살펴야 합니다. 여기에는 개인, 집단, 국가 사이 등 모든 관계가 해당합니다. 예컨대 우리나라에 평화를 정착시키려면 미국과의 관계, 북한과의 관계, 일본과의 관계를 두루 살펴야 해요. 여기에 있는 폭력적인 요소를 없애야 평화를 가져올 수 있습니다. 개인의 경우에는 가족, 친구, 회사 동료, 동호회 회원 등과의 관계에 폭력적인 요소가 없어야 삶이 평화로울 수 있겠지요. 관계에 폭력적 요소가 없다는 것은 각자 가진 힘에 의존하는 것이 아니라 상호 이해, 존중, 배려 등에 의존해 관계가 유지되는 것을 말합니다.

두 번째로 공동체성은 다양한 사람들의 공존을 기초로 평화로운 공동체가 유지되고 소외와 배제가 없이 모두를 위한 긍정적인 방향으로 공동체가 발전해가는 것을 말합니다. 다양한 사람들이 모여서 평화롭게 공존하는 것이 바로 평화예요. 인권이 개인의 권리에 주목한다면 평화학은 공동체에 더 초점을 맞춥니다. 물론 평화로운 공동체가 되려면 구성원들 사이의 관계가 평화로워야 해요. 반대로 공동체가 평화를 지향하지 않으면 개인의 평화도 깨집니다. 개인과 공동체는 서로 긍정적·부정적 영향을 주고받는 밀접한 관계에 있습니다.

그다음은 지속성입니다. 평화는 갑자기, 그리고 일시적 사건으로 생기지 않아요. 개인과 집단의 역량이 쌓였을 때 비로소 성취될 수 있습니다. 예컨대 갑자기 전쟁을 끝내는 경우는 거의 없습니다. 한참 싸우다 지쳐서, 더 싸워 봐야 서로 희생만 키운다는 여론이 커졌을 때 전쟁은 끝나고 평화가 찾아옵니다. 사람들의 성찰과 전쟁을 끝내고자 하는 의지와 역량이 점진적으로 축적됐을 때 비로소 종전이 되고 최소한의 평화가 이뤄집니다. 이때, 가장 중요한 것은 그 평화를 지속시킬 수 있는 장치들을 마련하는 겁니다. 그렇지 않으면 나중에 또 전쟁이 일어날 수 있으니까요. 그러려면 전쟁의 원인을 살피고 재발 방지를 위한 노력을 해야 합니다. 그래야 계속 평화로울 수 있어요.

우리 상황이 그렇잖아요. 휴전 협정으로 인제 전쟁이 끝났구나 생각했는데 60년이 넘은 지금까지 불안합니다. 현재 상황을 보면 휴전 협정 70주년이 되어도 변하는 것이 없을 것 같아 걱정스럽습니다. 이런 상태가 된 것에 대해 남을 탓할 수가 없습니다. 가장 근본적인 원인은 우리가 평화를 지속할 장치를 마련하지도 치열하게 노력하지도 않았기 때문이니까요. 외려 이념 대립과 군비 경쟁에 힘을 쏟았고 지금도 변한 것이 없어요. 지속적으로 갈등 요소를 제거하고 평화적으로 공존하기 위한 노력을 기울였다면 오늘날의 극한 대립을 막을 수 있지 않았을까요? 냉전이나 외세 탓으로만 돌릴 수는 없습니다. 앞서 말씀드렸듯이 관계 속에서 충분히 노력할 수 있는 부분이 있는데 우리가 놓친 거니까요. 안타까운 것은 지금 이 순간에도 그것을 놓치고 있다는 거지요.

자, 그래서 평화의 기본 요소를 말씀드렸고요. 이어서 평화의 개념을 좀 더 구체적으로 살펴보겠습니다.

폭력의 다양성

평화를 이론적으로 요약하면 다음과 같이 표현할 수 있습니다.
"강요나 억압을 받지 않고 각자의 자유롭고 독립적인 판단에 근거해 행복하고 원하는 것을 얻을 수 있는 상태"

인권 개념하고 비슷하지요. 다만 평화는 평화적으로 구현되어야 한다는 점을 강조합니다. 그래서 평화적 방식, 다른 말로 비폭력이 중요합니다. 그런데 평화학자들 사이에서도 폭력에 대항하고 평화를 이루는 방법으로서의 비폭력에 대해 이견이 있어요. 원칙은 그런데 현실적으로 이게 가능하냐는 겁니다. 폭력으로 인한 희생이 뻔히 예상되는데 이걸 그냥 지켜보아야 하느냐는 겁니다. 이때 그 폭력을 막기 위해 또 다른 폭력을 행사해도 될까요?

예컨대 한 나라에서 독재자가 군사력을 동원해 시민들의 평화로운 저항을 진압할 듯하다, 지금 상황에서 막지 않으면 대규모 희생이 불가피하다, 이런 상황에 직면했다고 생각해 봅시다. 그러면 국제 사회는 어떤 선택을 해야 할까요? 주권 국가에 대해 군사적 개입을 하지 않는다는 원칙을 고수하면서 방관할 것인가, 인도적 재난이 임박했으니 어쩔 수 없이 군사적 개입을 해야 하는가, 이 두 가지 선택을 두고 논쟁이 일어납니다.

어떤 상황에서든 폭력은 옳지 않다고 주장하는 분들은 당연히 전자의 입장이겠고요. 평화를 지키려면 현실적으로 어느 정도의 폭력을 용납해야 하는 상황도 있다는 분들은 후자를 택할 겁니다. 평화학자들 사이에서도 비슷한 고민이 있고 그에 대한 견해에 다양한 스펙트럼이 있습니다. 그렇지만 군사적 조치에 찬성하는 학자들도 최소한의 군사적 개입, 그러니까 희생을 막거나 대폭 줄이는 수준에서의 무력 사용만 지지합니다. 그리고 평화로의 전환을 위한 현지 사람들의 노력을 저해하지 않는 수준에서의 군사적 개입만 지지합니다. 외부의 군사적 개입으로 내전이 일어나거나 기존의 무장 갈등이 악화되면 안 되니까요. 그래서 원칙적으로 평화적 방식 또는 완전한 비폭력을 주장해도 평화를 연구하는 사람들은 항상 폭력과 그에 대한 구체적 대응 방식을 고민합니다. 이때 초점을 맞추는 것은 당사자와 그들의 희생 가능성입니다.

제가 평화학 강의를 하다 보면 사람들이 이런 말을 해요. "평화는 모호하고 추상적이다. 뭔지 잘 모르겠다. 눈앞의 구름 같기도 하다. 눈에 보이지만 손에 잡히지 않는다." 그러다가 제가 폭력에 대해 이야기하면 금방 이해합니다. 그리고 평화를 폭력이 없는 상태로 규정하면 고개를 끄덕입니다. 평화를 이해시키기 위해서는 폭력을 얘기해야 하고 평화의 중요성을 알리려면 폭력을 교육해야 해요. 그래서 평화학자는 역설적으로 끊임없이 폭력을 분석하고 이야기해야 하는 운명을 가진 사람입니다.

앞서 평화의 정의를 말씀드렸는데요. 이 평화는 다시 소극적 negative 평화와 적극적positive 평화로 구분됩니다.

소극적 평화는 '최소한의 평화'를 말합니다. 직접적 폭력이 없을 때 만들어져요. 직접적 폭력이라면 상해를 입히거나, 가두거나 억압하는 등 신체에 직접 가하는 폭력을 말해요. 때리거나 고문하거나 죽이는 것, 그리고 사회에서 강제로 분리시키는 것이 대표적인 사례지요. 집단 따돌림을 통해 물리적 활동 공간을 제한하고 심리적 압박을 가하는 것도 직접적 폭력에 해당한다고 볼 수 있습니다. 강제적으로 속해 있는 집단과 분리하고 신체적, 정신적 자유를 억압하는 행위니까요.

여러분 가족이나 친척 중에 군대 다녀오신 분이 있을 텐데요. 최근에 모 장군과 그의 부인의 '갑질'이 언론에 소개되었지요? 사적인 심부름을 시키는 건 물론 신체적·정신적 폭력을 가했다는 사실에 많은 사람들이 분노했습니다. 이 또한 직접적인 폭력의 사례입니다.

파괴를 목적으로 하는 전쟁은 가장 강도가 높고 규모가 큰 직접적 폭력의 상황입니다. 죽이거나 죽는 일이 광범위하게 발생합니다. 같은 편끼리도 직접적인 폭력을 통한 통제가 이루어지지요. 명령에 복종하지 않으면 감옥에 가거나 처형당합니다. 군인들만 전쟁에서 신체적 위험을 겪는 것은 아니지요. 군대나 전선에 있지 않아도 전쟁이 일어나면 모든 사람에게 생명의 위협이 가해집니다. 인간에게는 이런 전쟁 또는 그에 준하는 무장 대결로 인한 생명의 위협에 직면하지 않고 평화적인 삶을 누릴 권리가 있습니다. 이것을 '평화적 생존권'이라 부릅니다. 한국전쟁 이후 계속 휴전 상태, 다시 말해 언제든지 전면전 또는 국지전이 생길 수 있는 상황에서 살고 있는 우리는 이 평화적 생존권을 누리지 못하고 있는 거지요. 인간이 누려야 하는 가장 기본적인 평화인데 말입니다. 더 이상 전쟁의 위협을 받지 않고 안전하게 살 권리, 즉 평화적 생존권을 누리는 것이야말로 우리가 직면한 최우선 과제입니다. 우리가 아직 신체적 안전이 보장되는 소극적 평화조차 보장되지 않은 사회에서 살고 있다는 얘기니까요. 그리고 전쟁의 위협은 국가로부터 오는 거라 개인의 능력으로 피할 수 있는 것이 아니니까요.

평화를 구분할 때 두 번째로 말씀드릴 것은 적극적 평화입니다. 이는 직접적 폭력은 물론 구조적·문화적 폭력도 없는 상태를 말합니다. 구조적 폭력이란 무엇일까요? 간단히 말하면 사회 구조로 인해 발생하는 폭력입니다. 불평등하거나 불공정한 구조로 인한 폭력이 대표적이지요. 우리가 흔히 '금수저' '흙수저'라고 말하는 빈부 차이는 이미 우리에게 익숙한 폭력이 되었습니다. 이 말에는 이미 불평등과 불공정한 구조로 인해 빈부 차이가 생기고 강화된다는 의미가 포함돼 있지요. 사회 차원뿐만이 아니라 학교나 종교 집단, 심지어 가족 안에도 불평등하고 불공정한 구조가 있어요. 그 구조 안에서 힘을 얻은 사람이 그렇지 않은 사람을 억압하고 그 결과는 보통 '차별'로 드러나지요. 집단 안에서 권력을 잡고 있는 사람이 그렇지 못한 사람에게 불평등하고 불공정한 대우를 하고 '갑질'을 합니다. 공부 못한다고 차별하고, 직책이 없다고 차별하고, 여성이라고 차별하고, 장애인이라고 차별해요.

최저임금은 구조적 폭력의 대표적인 사례 중 하나입니다. 최저임금은 해마다 인상됩니다. 그런데 인상을 해도 여전히 기초 생활을 유지하기엔 턱없이 부족한 수준이에요. 통계에 의하면 노동자의 20~30퍼센트가 그마저도 못 받는다고 합니다. 아르바이트하는 청소년과 경비일 등을 하는 노년층이 대표적이에요. 고용주들이 법을 어기는 걸 알면서도 안 주는 거예요. 노동부에서 단속도 잘 안 하지만 걸려도 솜방망이 처벌에 그치기 때문이지요. 정부는 알면서도 이런 현실을 방치하고 있어요. 그 피해를 개인이 고스란히 받습니다. 이런 일이 만연해 있다 보니 '나만 그런 건 아니구나, 어쨌든 돈이 필요하니 참고 일하자.' 이렇게 포기하고 맙니다. 애초 좋은 의도에서 만들었지만 그것이 제대로 작동하지 않는데도 구조를 바꾸지 않습니다. 그러니 현재의 불공정하고 작동하지 않는 최저임금 구조는 사회적 약자들에게 피해만 입힙니다. 이렇게 구조를 통해 가해지는 폭력이 바로 구조적 폭력이에요.

구조적 폭력은 인간의 잠재성을 억압합니다. 구조적 폭력의 개념을 고안한 평화학자인 요한 갈퉁Johan Galtung의 해석입니다. 이분은 한 사회가 폭력적인지 아닌지는 인간의 잠재성이 얼마나 자유롭게 발현되는지 아닌지를 보면 알 수 있다고 했어요. 의료보험 서비스가 잘 정비된 나라에서는 가난한 사람도 건강하게 살 수 있습니다. 그런데 어떤 나라에서는 가난한 사람이 돈 때문에 치료도 못 받고 죽어가요. 원래 더 오래 살 수 있는 사람이 가난한 사람들을 방치하는 사회구조로 인해 본래 예상됐던 수명을 다 채우지 못하고 죽게되는 거지요. 그 사람이 가진 생존의 잠재성이 발현되지 못하는 거지요. 교육도 마찬가지입니다. 무상 교육이 이뤄지는 곳에 사는 아이들은 잠재성을 발휘할 수 있도록 기본 교육 환경을 제공받지만 그렇지 않은 나라에 사는 아이들은 기본 교육조차 받을 수 없어서 조기에 잠재성 발휘를 제한받게 되지요. 요한 갈퉁은 이처럼 잠재성이 억압되는 사회는 폭력적인 사회라고 본 겁니다.

이스라엘은 팔레스타인 사람들을 70년 동안 억압하고 있습니다.

무상 교육이 이뤄지는 곳에 사는 아이들은 잠재성을 발휘할 수 있도록 기본 교육 환경을 제공받지만 그렇지 않은 나라에 사는 아이들은 기본 교육조차 받을 수 없어서 조기에 잠재성 발휘를 제한받게 되지요. 요한 갈퉁은 이처럼 잠재성이 억압되는 사회는 폭력적인 사회라고 본 겁니다.

이제는 높은 분리 장벽을 세워 이동까지 제한하고 군사적 억압과 공격을 상시로 가하는 직접적 폭력을 행사하고 있지요. 그런데 이스라엘의 폭력은 여기에 그치지 않아요. 교묘한 방식으로 구조적 폭력도 가하고 있지요. 이스라엘이 봉쇄하고 있는 팔레스타인 가자지구에 사는 사람들은 복잡한 수술을 받으려면 가자지구 바깥으로 나가야 합니다. 그럴 만한 시설이 가자지구 안에 없으니까요. 그런데 밖으로 나가려면 이스라엘 당국의 허락을 받아야 해요. 아무나 못 통과합니다. 만약 환자가 분초를 다투는 상황이라면, 약하기 그지없는 아기라면 어떻겠습니까? 죽을 수밖에 없습니다. 폭력적인 구조 때문에 잠재적 수명이 발현되지 못하는 대표적인 사례지요.

우리나라에서 아이가 미혼모 가정에서 태어나면 사는 것이 수월하지 않습니다. 이 아이가 자라서 돈 걱정 없이, 그리고 차별당하지 않고 편안하게 살 확률은 일반인보다 작다고 볼 수 있어요. 사회 곳곳에서 여성에 대한, 미혼모에 대한, 그리고 한 부모 가정에 대한 구조적 폭력이 작동하기 때문입니다. 우선 경제적으로 그렇지요. 우리나라에서는 여성의 사회 진출이, 특별히 안정적이고 임금이 높은 일자리를 구하는 것이 여전히 어렵습니다. 혼자 아이를 키우면서 그런 일자리를 구하는 것은 더 힘듭니다. 그러니 아이의 삶도 힘들 수밖에 없겠지요. 만약 이 아이가 북유럽의 복지 국가에서 태어났다면 어떨까요? 제도적 지원 덕분에 엄마가 생계를 꾸리기도 아이를 키우기도 훨씬 수월할 것이고 양부모 가정의 아이와 생활환경에 큰 차이가 없으니 아이가 자신의 잠재성을 모두 발휘할 기회가 더 많아지겠지요? 이처럼 인간의 잠재성을 막는 사회의 구조적 장벽을 우리는 폭력이라고 부릅니다. 어때요? 우리가 쉽게 구조의 허점, 또는 한계라고 불렀던 것을 누군가에게 폭력을 가하는 구조적 폭력이라고 부르니 훨씬 더 진지하게 보게 되지요.

다음으로 문화적 폭력이 있는데요. 흔히 '문화적 콘텐츠'라고 이야기하는 것. 즉 사상, 철학, 종교적 가르침, 예술, 언어, 사회적 담론 등을 통해서 가해지지요. 문화적 폭력은 눈에 잘 안 띄는 대신 정교하고 교묘하게 행해집니다. 사람들의 정신과 생각을 억압하고 통제하며 지배하기 위해서지요.

안타깝게도 사회가 발달할수록 직접적 폭력은 줄어드는 대신 문화적 폭력은 증가합니다. 우리나라만 해도 그렇지요. 오래전에는 사람을 때리거나 가두면서 신체적으로 통제하고 해를 가하는 일이 많았지요. 민주주의가 발전하면서 그런 일은 줄어들었습니다. 최소한 대놓고 직접적 폭력을 행사하진 못해요. 대신 문화적 폭력이 많아졌어요. 신문·방송에 등장하는 '문화계 블랙리스트' 사건만 봐도 알 수 있습니다. 지난 보수 정권에서 있었던 일이지요. 특정 문화예술인을 방송에서 배제합니다. 왜 그랬을까요? 눈 밖에 난 사람들, 자신들을 비판하는 사람들을 처벌하고 싶었던 겁니다. 그런데 옛날처럼 잡아가서 고문하고 그럴 수가 없잖아요. 대신 리스트를 만들어서 교묘하게 폭력을 행사한 거예요. 그런데 왜 하필 '문화계'였을까요? 문화를 통제하면 사람들의 생각도 지배할 수 있을 거로 생각한 건 아니었을까요? 그들이 블랙리스트뿐만 아니라 자신들을 지지하는 사람들을 지원하는 화이트리스트도 만들었다는 사실이 이를 뒷받침합니다.

요즘 방송에 많이 등장하는 게 종교계 비리지요? 그 누구보다도 깨끗하고 평화의 가치를 가지고 살아야 할 종교인들이 부패와 추문으로 얼룩지는 현실이 안타깝기만 합니다. 내부적인 비리도 비리지만, 더 큰 문제는 종교 안의 '문화적 폭력'입니다.

여성과 동성애자에 대한 탄압과 비방이 대표적입니다. 종교적 공간에서 대놓고 여성을 차별합니다. 여성이 남성보다 열등한 존재이기 때문에 남성에 순종해야 한다는 주장을 종교적 가르침으로 둔갑시켜 사람들의 머릿속에 심습니다. 동성애자를 인간 이하로 취급하고 폭력적 언어를 동원해 비난합니다. 문제는, 그게 뭔가 이상하다거나 잘못되었다는 걸 알면서도 종교에 속한 사람들이 제대로 항의조차 안 한다는 거예요. 내부자의 비판은 거의 찾아보기가 어렵습니다. 외려 그렇게 왜곡되고 폭력적인 판단이나 비난을 옹호하거나 그것에 항의하는 사람들을 이단으로 몰아붙여요. 왜 그럴까요? 종교적 가르침으로 위장된 문화적 폭력이 만연해 있기 때문이에요. 또 그 말을 따르지 않으면, 의심하거나 비판하면 믿음이 부족한 사람으로 여겨지기 때문이지요. 배신자로 낙인찍혀 공동체로부터 추방당할지도 모른다고 두려워해요. 그동안 집단에 순응해왔던 사람들의 마음에는 항상 그런 두려움이 있어요. 그래서 지난 시간 동안 자기도 모르게 그렇게 믿게 된 거고 추종하게 된 겁니다. 심지어 사회 운동을 하는 종교인들도 내부의 비리에 대해서는 함구합니다. 자신이 문화적 폭력에 노출돼왔다는 것을 인지하지 못하거나, 문화적 폭력의 피해를 입었음을 알면서도 추종을 끝내지 않는 것이지요. 그리고 다시 다른 사람에게 문화적 폭력을 가합니다. 이 점은 문화적 폭력의 특징 중 하나입니다. 문화적 폭력의 피해자가 결국 가해자가 되는 것이지요.

우리만 그런 건 아닙니다. 아프리카, 아시아, 남미 등 많은 저개발 국가에서는 더 만연된 문화적 폭력을 찾을 수 있고 선진국에도 문화적 폭력이 존재합니다. 그런데 선진국 반열에 있는 국가 중에 우리나라의 상황이 제일 심각한 것 같아요. 문화적 폭력이 교묘한 방식으로 더 늘고 있다는 생각도 하게 돼요. 문화적 폭력은 정당성을 부여하는 방식으로 직접적 폭력을 유도합니다. 잘못된 믿음 때문에 폭력을 행사하는 사람들이 얼마나 많습니까? 그래서 오늘날 갈수록 정교해지는 문화적 폭력을 눈여겨보아야 합니다.

지금까지 폭력의 종류를 살펴보았고요. 다음으로 이런 폭력은 왜 생기는가 하는 문제, 즉 폭력의 원인을 알아보겠습니다.

인간은 왜 폭력을 행사하는가?

폭력의 원인을 이야기할 때 가장 주목할 것은 '힘'이에요. 폭력을 사용하는 사람은 상대적 강자죠. 상대적 약자가 폭력을 쓰는 경우는 거의 없습니다. 방어적 차원에서, 그리고 일회적으로 행사할 수 있을지는 모르지만 당할 걸 뻔히 알면서 약자가 강자를 상대로 먼저 폭력을 쓸 이유는 없습니다.

폭력을 가져오는 첫 번째 원인은 힘의 상대적 우위입니다. 그래서 폭력의 원인을 알려면 힘의 관계를 살펴야 합니다. 같은 사람도 어떨 때는 약자지만 어떨 때는 강자일 수 있기 때문입니다.

제가 평화와 갈등을 주제로 대학에서 강의를 합니다. 계약 당사자로서 대학과의 관계를 보면 제가 상대적 약자이지만, 학생들의 성적을 매길 때 저는 상대적 강자가 됩니다. 차별받는 어떤 사람이 사회적 약자로 불릴 수 있지만, 그가 가정 폭력의 가해자라면 가족 내에서는 힘의 우위를 가진 상대적 강자지요. 이렇듯 강자와 약자는 관계에 따라 달라집니다. 항상 강자이거나 약자인 경우는 없어요. 그래서 평화를 이야기할 때는 힘의 관계를 살피고 자신의 힘을 성찰해야 합니다.

폭력이 발생하는 두 번째 원인은 '이익 추구'입니다. 힘의 차이만 가지고는 폭력이 생기지 않아요. 힘센 사람도 그렇지 않은 사람과 얼마든지 잘 지낼 수 있습니다. 문제는 이 힘을 악용해 이익을 추구할 때예요. 이때 폭력이 생깁니다. '이익'에는 돈도 포함되지만 명예, 자기만족, 체면 같은 비물질적인 것도 포함됩니다. 폭력을 행사해서 돈을 뜯어내거나 재산상 이익을 취하기도 하지만, 그저 힘을 과시하기 위해 다른 사람을 억압하거나 부당한 요구를 하기도 하지요.

세 번째 원인은 '집단적 묵인'입니다. 폭력은 개인 간은 물론이고 가족이나 직장, 군대에서도 비일비재하게 일어나요. 왜 그럴까요?

힘의 우위를 통한 개인의 이익 추구를 집단이 묵인하기 때문입니다. 심지어 어떤 조직은 이런 폭력을 강화합니다. 부하나 신입 직원에 대한 폭력을 전통이라는 이름으로 합리화해요.

이처럼 힘의 상대적 우위와 이것의 악용, 이를 통한 이익 추구, 집단의 묵인, 폭력은 이 세 가지를 통해 발생합니다. 그렇다면 그 결과는 무엇일까요?

바로 '희생'입니다. 폭력에는 희생이 따릅니다. 누군가는 피해를 보게 되어 있어요. 폭력은 개인과 집단을 희생시키고 그들의 삶을 파괴합니다. 인간은 사회적 동물이에요. 집단 속에서 살아가야 합니다. 그런데 폭력은 집단과 개인의 관계, 집단 속 개인과 개인의 관계를 파괴합니다. 인간은 그런 관계 안에서 평화롭게 살아갈 수 없어요. 폭력은 이질적인 집단 간의 공존도 불가능하게 합니다. 그리고 이렇게 깨진 평화는 그 원인인 폭력이 사라지지 않는 한 회복되지 않아요. 폭력은 일시적으로 평화를 없애는 데 그치지 않습니다. 평화의 회복 및 지속성을 방해해요.

지금까지 폭력의 종류와 원인을 알아보았습니다. 그렇다면 우리는 어떻게 해야 할까요? 폭력을 막고 평화로 가는 방법은 뭘까요?

평화의 목적은 폭력을 감소시키고 마침내 제거하는 것입니다. 직접적 폭력을 없애는 소극적 평화는 물론 구조적·문화적 폭력을 없애는 적극적 평화까지 모두 동시에 실천해가야 해요. 눈에 띄는 폭력을 없앤다고 평화가 찾아오지는 않습니다. 강력 범죄를 소탕한다고 해서 각종 사회적 차별과 그런 차별을 만드는 구조적 폭력이 사라지지 않아요. 별개의 방법을 통해 두 가지에 구체적으로 접근해야 합니다. 이렇게 말하면 사람들은 늘 '실현 가능성'을 따져요. "당신이 평화학을 연구하니까 그렇게 말할 수는 있다. 하지만 현실적으로 그게 가능한가?" 하고 말이죠. 실제로 사건 사고가 끊이지 않잖아요. 뉴스에 나오는 범죄는 매일같이 벌어지는 폭력 중 극히 일부일 뿐입니다. 전쟁은 또 어떻습니까? 인류 역사에서 지구촌 전체를 통틀어 봤을 때 단 한 번이라도 전쟁이 없었던 시기가 있었을까 하는 의문이 들지요. 이런 이유로 때로는 평화를 연구하는 게 무슨 의미가 있을까 하는 자괴감이 들기도 합니다.

그러나 저는 이렇게 말하고 싶어요. "세상에 전쟁이나 각종 폭력이 끊이지 않는 이유는 그만큼 평화를 아끼고 그곳에 에너지를 투자하는 사람들이 적기 때문이다"라고 말이죠. 이 말은 반대로, 평화를 생각하고 실천하는 사람이 많아질수록 세상이 지금보다 조금씩 더 평화로워질 수 있다는 뜻입니다. 폭력이 만연할수록 평화에 대한 갈망은 커질 수밖에 없습니다. 저는 그 뜻을 같이하는 사람들이 관계를 맺고 그 힘을 키워갈 때 평화로운 공동체가 점점 많아질 거라는 믿음을 가지고 있습니다. 그래서 우리에겐 평화를 교육하는 것이 필요합니다. 아이들에게 평화의 소중함을 알리고 어려서부터 이를 실천해갈 수 있도록 독려하고 지원해줘야 합니다.

평화를 위한 교육

지금 우리의 학교는 평화로운가요? 평화학의 눈으로 학교를 한 번 들여다보겠습니다. 인정하기 불편하지만, 학교에는 엄연히 폭력이 존재합니다. 아이들끼리 치고받고 싸우는 폭력을 말씀드리고자 하는 게 아닙니다. 우선 학교에는 교사와 학생 사이에 극심한 힘의 불균형이 존재합니다. 교권이 땅에 떨어졌다거나 체벌도 불가능한 상태에서 아이들을 가르치기 어렵다는 하소연도 분명히 있습니다만, 객관적으로 따졌을 때 학생은 교사의 말을 따를 수밖에 없는 구조예요. 교사는 학생을 관리하고 감독합니다. 상황에 따라 상·벌점을 부과할 수도 있고 이는 성적에 곧바로 반영돼요. 그 반대는 불가능하지요. 학생들은 교사를 통제하거나 관리할 수 없습니다. 앞서 폭력은 힘의 우위를 통해 발생한다고 말씀드렸지요? 자연히 학생에 대한 폭력이 발생해요. 예전에는 체벌이나 언어폭력 같은 직접적인 폭력이 행사되었다면, 지금은 구조적이고 문화적인 폭력이 더 많다고 할 수 있습니다. 그 안에서 학생의 신체적·정신적 자유가 억압받지요.

다른 측면을 볼까요? 학교에는 교사와 학생 이외에 다양한 집단이 존재합니다. 행정을 맡는 직원도 있고 급식실에서 일하는 분도 있습니다. 경비원이나 청소원 같은 분들도 학교에는 계시지요. 또한 가장 큰 이해관계 집단으로서 학부모가 있습니다. 이분들 간에도 힘의 우위가 존재합니다. 행정 직원은 학교장에 대해서는 약자지만 비정규직 급식 노동자에게는 강자입니다. 일반 학부모는 교사에 대해 약자지만 학교운영위원회 간부라면 강자라고 할 수 있어요. 상대적입니다만 이처럼 다양한 힘의 불균형이 존재하기 때문에 언제든 폭력이 생길 가능성이 있어요. 실제로 학교 내 비정규직 노동자에 대한 차별, 교사에 대한 부당한 처우 등이 뉴스에 등장하지요. 그런데 이러한 폭력은 때로 효과적인 관리를 위한 수단으로 정당화됩니다. 안타깝지만 비정규직을 차별해야 학교의 재정 부담을 줄일 수 있고, 말을 듣지 않는 교사를 처벌해야 학교 운영이 편합니다. 문제는 이런 모습의 학교가 학생들에게 어려서부터 폭력적 위계질서를 습득하고 내면화시키는 공간으로 기능한다는 겁니다.

우리 사회는 나이를 따집니다. 어른은 그런 일에 너무 익숙해진 사람들이라 그러려니 할 수 있어요. 그런데 유치원생이나 청소년들에게도 그런 나이의 위계질서를 강요합니다. 우리 애가 6개월 빠르니까, 그리고 무엇보다 학년이 다르니까 형이라고 부르라고 합니다. 아이들은 아무렇지도 않아 하는데 부모들이 더 기분 나빠한다고 합니다. 어렸을 때부터 이렇게 나이를 힘으로 내세우는 것을 배우고 가르치면 어떻겠어요? 마찬가지로 학교에서 일찌감치 힘의 우위와 그것을 이용한 폭력을 보고 배운 아이들은 나중에 강자가 되면 자연스럽게 폭력을 행사할 가능성이 커지겠지요. 약자가 되면 눈치를 보고 강자에 순응하는 사람이 되겠지요.

지, 그렇다면 우리의 학교는 평화로워질 수 있을까요? 아이들과 선생님, 학부모와 교직원 모두 행복할 수 있을까요? 우리가 접하는 뉴스에는 연일 학교 폭력 사태가 등장합니다. 많은 사람들이 정말 이대로 좋은가 하고 비관적인 질문을 던져요. 학교 폭력은 학생들 사이에 물리적 힘을 이용해 발생하는 폭력을 말하지요. 그런데 학교 안에는 그런 폭력만 있는 게 아닙니다. 그러니 상황은 더 심각하다고 볼 수 있겠지요.

학교는 교육 공동체입니다. 특히 성장기 청소년들이 가장 많은 시간을 보내는 공간입니다. 이들이 행복하지 않다면 우리의 미래도 불행해지지 않을까요? 그런데 여전히 학교 안에는 보기에 불편하고 때로는 감당하기 힘든 폭력이 존재합니다. 그래서 학교 안에서 아이들은 행복하지 않습니다. 아이들의 행복을 위해서라도 평화로운 학교를 만들어야 하지 않을까요? 평화로운 학교를 만들려면 평화로운 공존을 방해하는 현상과 결과를 확인하고 그 원인을 파악해야 합니다. 예컨대 교실에서 아이들끼리 싸웠다면, 왜 그랬는지, 이로 인해 누가 얼마나 힘들게 되었는지를 꼼꼼히 따져야 해요. 그러고 나서 폭력 피해자의 회복과 재발 방지를 위한 방법을 찾아야 합니다. 나아가 학급과 학교 전체가 폭력을 겪지 않고 행복해질 방법을 찾아야 합니다.

요즘 학교 현장에서 '회복적 생활 교육'을 강조합니다. 문제가 발생했을 때 벌을 주는 것만으로는 근본적인 변화가 어렵다고 보는 거예요. 그래서 처벌 위주가 아닌 돌봄의 교육을 추구합니다. 신뢰와 존중을 통해 학교 공동체에서 서로의 상처를 치유할 방법을 찾자는 거예요. 제가 보기에는 이러한 접근도 좋지만 더 중요한 것은 근본 원인을 찾아내는 일입니다. 여기에 좀 더 시간과 에너지를 할 애해야 해요. 근본 원인을 밝혀내 다루지 않으면 지금은 서로 사이 좋게 지내자고 말하고 싸움을 끝낼 수 있지만 다음에 또 그런 일이 생기지 않는다는 보장이 없습니다. 그렇기 때문에 비판적으로 근본 원인을 따지고 들어가는 작업이 필요한 것이죠. 그런데 이런 노력 은 가능성을 논하는 시점부터 저항에 부딪힐 수 있습니다. 그런 방 식을 달가워하지 않는 사람들이 적당히 하지 뭘 그렇게 캐고 들어 가느냐고 할 거고, 굳이 이렇게까지 하는 이유가 뭐냐고 따지기도 할 겁니다. 그 과정을 견뎌야 해요.

평화에 대한 탐구는 비판적 성찰을 통해 근본 원인을 찾는 것에 서 출발합니다. 그렇게 해서 얻은 결과가 불편할 수도 있어요. 우리 안에 있는 폭력적 구조나 문화를 보아야 하기 때문입니다. 하지만 근본 원인과 대면하지 않고 평화를 이룰 수는 없어요.

청소년들을 대상으로 강연이나 워크숍을 할 때 참고하는 교재가 있습니다. 제가 쓴 『평화, 당연하지 않은 이야기』라는 책인데요. 청 소년을 위한 책이지만 구조나 문화의 문제점까지 다루고 있습니다. 그런데 한편으로 그런 '지적'이 아이들에게 줄 영향을 걱정할 때가 많아요. 세상을 너무 부정적으로 보면 어쩌나 싶은 겁니다. 그렇다 고 그 문제를 피할 수도 없습니다. 평화를 가르치면서 평화를 깨고 회복을 방해하는 폭력의 원인을 말하지 않고 지나갈 수는 없는 노 릇이잖아요. 그래서 가급적 학생들 눈높이에 맞춘 최근의 사례를 찾으려고 노력합니다. 어쨌든 확인하고 공유하는 작업이 필요하니까요. 그런데 강의나 워크숍을 진행하다 보면 놀랄 때가 있어요. 학생들 생각이 꽤 깊더라고요. 그리고 나이가 어리고 순수해서 열린 마음으로 받아들이니까 오히려 제가 겸손해질 때가 있어요.

외국에서는 유치원 때부터 평화교육을 합니다. 꼭 평화교육이 아니더라도 구조나 힘을 이용해 아무리 어린아이라도 억압해서는 안 된다는 것을 평소 교육에서 보여줍니다. 미국에 친구가 사는데 여름방학 때 한국에서 온 유치원생 조카가 머물렀다고 해요. 그때 아이가 어린이집 비슷한 곳에 다녔나 봐요. 한국으로 돌아갈 때가 됐는데 이 아이가 돌아가기 싫다고 했다는 거예요. 이유를 물었더니 거기 어린이집이 너무 좋다고 했답니다. 한국에서는 보통 선생님이 "다 같이 하세요" 이러면서 집단 활동을 시키잖아요. 조금만 다른 걸 해도 지적을 받지요. 그런데 그 아이가 잠깐 다녔던 곳에서는 각자 하고 싶은 거 하라고 했대요. 당연히 재미있을 수밖에요. 유치원생도 이미 직관으로 알고 있는 거예요. 어떤 것이 자신의 자유를 방해하고 자신을 억압하는지를 말이에요. 물론 그것이 자신보다 힘 있는 사람이 손쉬운 통제와 관리를 위해 가한, 엄격한 분류를 통해 보면 구조적 폭력이었다는 건 나중에 알게 되겠지만요. 안타까운 것은 이런 민감성이 나이를 먹으면서 폭력이 당연한 것이 되는 환경에 지속적으로 노출되고 그것이 자연스럽다는 교육을 받으면서 둔감해진다는 거예요.

나이가 어린 학생들에게도 일상 속 작은 일들을 통해서 폭력을 멀리하고 평화를 찾는 일을 가르칠 수 있어요. 쉬운 통제와 관리를 위해 힘의 우위와 폭력적 구조를 이용하는 것이 아니라 공감의 방식을 택할 수도 있겠지요. "사실은 선생님도 힘들어. 너희들은 여러 명인데 나는 혼자잖아, 그래서 여러 사람들을 한꺼번에 상대하는 것이 쉽지 않고 너희들도 힘들 거야. 내가 선생님이라고 너희들에게 무섭게 굴고 싶지 않아. 우리 모두가 행복하고 즐겁게 공부하려면 어떻게 하면 좋을까? 무엇을 바꿔야 할까?" 이렇게 하면 아이들의 태도가 달라질 수도 있겠지요. 아이들은 공감 능력이 뛰어나니까요. 솔직하게 이야기하고 서로의 어려움을 공감하면서 무엇이 문제인지, 하나하나 풀어갈 수 있어요.

제가 대학에서 강의를 할 때 나이가 조금 든 대학원생들에게서는 냉소적인 면을 발견할 때가 종종 있어요. 세상 풍파를 겪으면서 자신도 모르는 사이에 때가 좀 묻었다고 할까요? 그래서인지 긍정적이고 희망적인 점을 얘기해도 의심을 많이 해요. 학문적 의심이 아니라 현실적으로 힘들다고 얘기하고 부정적인 면을 강조하는 것이지요. 그러다 학부생을 만나보면 확실히 차이가 나요. 공감도 잘하고, 세상의 아픔과 고통에 대해 이야기하면 각자 할 수 있는 일이 무엇이 있을지, 실천적인 고민을 할 때가 많아요. 나이가 어리다고 해서 세상과 우리 주변의 폭력과 평화에 대해 배울 수 없고 고민을 하지 못할 것이라는 건 선입견이라는 말씀을 드리고 싶은 거예요.

평화교육에서는 무엇보다도 함께하는 게 중요합니다. 실행 가능한 방법에 합의하고, 이를 실행하는 과정에서 또 다른 방법이 나올 수 있어요. 그러면서 점점 더 많은 방법들, 더 높은 수준의 방법들을 찾을 수 있습니다. 변화는 하루아침에 이루어지지 않습니다. 그러나 시작이 반이라고, 조금씩 보조를 맞추어 걸어가다 보면 어느 순간 평화에 대한 이해가 커지는 걸 느낄 수 있을 거예요. 그러려면 주입식이나 일방적인 교육 대신 토론식 교육이 이루어져야 합니다. 평화의 가치는 '주입'될 수 없기 때문입니다. 각자 스스로 느끼고 공감해야 해요. 학교가 모두에게 평화롭고 행복한 공간이 되려면 교직원은 물론 필요하다면 학부모도 함께 이런 평화교육에 참여할 기회를 가져야 합니다. 급식실 선생님과 경비실 선생님에게도 참여의 기회를 제공해야 합니다. 그래야 학교에 존재하는 폭력을 함께 확인하고, 근본 원인을 함께 파악하고, 함께 없앨 방법을 고민할 수 있습니다. 구성원이 많이 참여하면 할수록 그 효과는 커집니다.

제가 예전에 자료를 찾다가 우연히 인터넷에서 어떤 외국 학교의 사례를 알게 되었는데요, 거기서는 스쿨버스 운전기사도 평화교육을 받는다고 해요. 학생들을 어떻게 대해야 하는지, 학생들 사이의 다툼을 어떻게 평화적으로 해결해야 하는지 등의 구체적인 방법을 교육받는 거지요. 생각해보면 아주 타당하고 합리적인 접근이에요. 스쿨버스 운전기사야말로 학생들이 가장 먼저 만나고 가장 나중에 헤어지는 사람이니까요. 학교 공동체가 변하려면 한 사람도 빠뜨릴 수 없다는 거예요.

평화교육은 구성원들이 공동체 안에서 공존의 필요성을 느끼게 하고 공존을 위해 노력할 수 있게 합니다. 강요하지 않아도 스스로 노력하게 됩니다. 그런 노력은 서로가 대화하는 가운데서도 자연스럽게 나옵니다. 그렇게 되면 나는 다른 사람을 어떻게 생각하는지, 어떤 부분에서 다른 사람의 도움이 필요한지, 나는 공동체를 위해 무엇을 할 수 있을지 등을 얘기할 수 있겠지요. 물론 비판적 성찰도 있어야 합니다. 나는 공동체의 어떤 부분이 문제라고 생각하는지, 그것이 어떤 점에서 나를 힘들게 만드는지, 그 문제를 어떻게 고쳐야 하는지 등에 대한 비난을 우려하지 않고 경청과 공감을 기대하면서 편안하게 얘기할 수 있겠지요.

평화교육을 할 때는 먼저 자기 문제를 돌아보고 그것과 관련해 점차 더 거시적인 문제로 접근할 수 있도록 안내하는 게 좋습니다. 학교 안의 자신의 생활과 행복의 문제를 먼저 얘기한 후 학교 안에서 일어나는 일들에 대해 얘기하면서 점차 비판적 분석을 할 수 있겠지요. 학교 안에 이미 존재하고 있는 폭력적 요소들을 자신의 생활과 관련지어 스스로 확인하고 분석할 수 있게 하는 것이지요.

우리는 평화교육이라고 하면 보통 세계에 만연한 폭력과 평화의 문제에 대한 교육을 언급하곤 합니다. 그러면서 정작 학생들이 학교 안에서 직면하고 있는 폭력과 평화의 문제는 외면해요. 뜨거운 감자는 만지지 않고 내동댕이쳐버리려는 것이지요. 물론 세계 평화도 중요합니다. 그런데 자기 삶의 평화를 외면하면서 세계 평화를 말하는 것은 위선적입니다. 당연히 자기 삶의 평화부터 얘기해야지요. 그런데 이런 접근은 결국 사회, 나아가 세계의 폭력과 평화 문제도 성찰하고 분석할 수 있는 능력을 키워줍니다. 학교 안의 폭력과 평화의 문제를 다루는 것이 사회의 평화, 나아가 세계 평화를 성취하고 정착시키는 출발점이 되는 것이지요.

평화교육은 문제 해결 능력을 길러주는 교육을 포함해야 합니다. 토론과 합의를 통해 개인이나 집단이 직면한 문제를 해결하는 연습을 하는 것 자체가 평화교육이 될 수 있어요. 여기에서 놓치지 말아야 할 점은 주위에 도움을 요청하는 것에 대해서도 교육해야 한다는 겁니다. 어린 학생들은 그 부분이 부족하고 그래서 문제가 너무 버거워졌을 때 바람직하지 않은 선택을 하기도 하니까요.

우리나라 사람들이 가장 못하는 것 중 하나가 도움받기예요. 힘들다고 말하면 왠지 못난 사람이 된 기분이 들잖아요. 사실은 전혀 그렇지 않은데 말이지요. 세상은 혼자 살 수 없어요. 모든 일을 혼자서 해결할 수도 없습니다. 서로 돕고 살아갈 수밖에 없어요. 어렸을 때부터 상대에게 도움 요청하기를 꺼리는 분위기에서 자라다 보니까, 힘든 일을 당하면 혼자 숨기고 해결하려다 못 견디고 극단적인 선택을 하기도 합니다. 당당하게 도움을 요청하는 것도 용기예요. 학교를 평화로운 공동체로 만들기 위해 평화를 교육한다면 이렇게 서로 도움을 주고받아야 하는지도 교육해야 합니다.

어떻게 평화를 교육할 것이냐에 대해서까지 말씀을 드렸는데요. 지금까지의 이야기를 요약해보겠습니다. 우선 평화를 실현하려면 현실을 비판적이고 분석적으로 파악해야 합니다. 지금 내가 처한 현실에 어떤 폭력적인 요소가 있는지, 개인의 문제는 무엇인지, 주변의 집단은 어떤 영향을 미치고 있는지, 그리고 근본 원인은 무엇인지 파악해야 합니다. 공동체가 문제라면 집단적 차원에서 파악하

우리나라 사람들이 가장 못하는 것 중 하나가 도움받기예요. 힘들다고 말하면 왠지 못난 사람이 된 기분이 들잖아요. 사실은 전혀 그렇지 않은데 말이지요. 세상은 혼자 살 수 없어요. 모든 일을 혼자서 해결할 수도 없습니다. 서로 돕고 살아갈 수밖에 없어요.

고 폭력적 요소와 근본 원인을 찾아야 되겠지요. 문제점과 그 원인을 파악했다면 어떻게 바꿀지를 구체적으로 생각해야 합니다.

그런 후에는 평화로운 관계, 구조, 집단의 필요에 대한 합의가 있어야 해요. 그래야 변화가 가능합니다. 예를 들어, 30퍼센트만 변화를 주장하고 나머지는 모두 필요 없다고 생각하는 상황에서는 평화를 위한 변화의 첫발을 뗄 수도 없습니다. 힘을 가진 소수가 억지로 한다면 그것 자체가 힘에 의존한 폭력이고 최악의 경우 관계와 공동체가 깨지는 결과가 생기겠죠. 합의에는 시간이 따릅니다. 그래도 토론하고 서로 경청하고 설득해야 해요. 평화는 하루아침에 이루어지지 않습니다, 그러나 일단 구성원들이 합의하면 이후의 과정은 생각보다 수월하게 진행될 수 있어요. 모두가 자신의 문제로 받아들일 테니까요. 나한테 필요한 평화, 내 공동체 아니면 내 집단, 내 사회에 필요한 평화는 내가 만들어야 해요. 구성원 각자가 역량이 있어야 하고 그 역량을 만드는 작업을 함께해야 하고, 일정 수준에서 성취된 평화가 지속성을 갖고 더 높은 수준에 도달할 수 있도록 평가하고 개선을 하는 작업을 해야 합니다. 평화의 길은 더디더라도 함께 가야 합니다.

청중　학교가 평화를 가르치는 공간이어야 한다고 말씀하셨는데요. 그러려면 교권의 확보가 우선 아닐까요? 과거와 달리 요즘은 교사가 제대로 아이들을 가르치기 힘든 게 현실입니다. 요즘은 학부모나 학교 당국, 학생들이 상대적으로 힘의 우위에 있기 때문입니다. 이를 해결할 방법이 있을까요?

정주진　학교 당국이나 학부모와의 관계에서 교사가 상대적 약자의 위치에 있을 때도 있지요. 그리고 이런 힘의 관계가 아이들에게 평화를 가르치는 데 장애물이 될 수 있지요. 그러나 저는 무엇보다도 교사와 학생과의 관계가 중요하다고 생각합니다. 교권이 침해받는다고 하는 얘기에는 기본적으로 교사의 입장에서 만족스런 수준의 권위가 세워지지 않고 있다는 생각이 들어가 있다고 봅니다. 그런데 교권, 다시 말해 교사의 권위란 무엇일까요? 어쩌면 우리가 '교권'을 전통적인 개념으로만 해석하고 있는 건 아닐까요? 선생님의 그림자도 밟지 않는다는 식, 그리고 선생님은 학생을 지도하고 훈계하며 학생은 선생님의 가르침과 안내를 따라야 한다는 식을 전제로 한 교권이 과연 올바른지 먼저 생각해보아야 합니다. 앞서도 말씀드렸지만 그런 관계는 힘에 의존한 관계고 그 관계에서 학생은 상대적 약자고 교사는 상대적 강자입니다. 관계가 상대적 약자, 상대적 강자, 이런 식으로 규정되는 것은 기본적으로 바람직하지 않고 평화의 눈으로 보면 폭력적이고 실제 폭력을 야기할 가능성이 높습니다. 그러니 교권도 그렇고 학생과의 관계도 새롭게 분석하고 평가해봐야 합니다.

제가 일전에 신학대학원생들, 그러니까 향후 목사가 될 사람들에게 평화 강의를 한 적이 있습니다. 그때 한 학생이 이런 말을 했어요. 교회는 종교 집단이라는 특수성 때문에 목사가 권위를 가져야 한다. 평화로운 관계도 좋지만 목사의 권위에 도전하는 행위나 문화는 공동체 유지에 도움이 안 된다.

여러분은 이 의견을 어떻게 생각하세요? 여기서 말하는 '권위'라는 게 뭘까요? 교회에서 목사가 가지는 권위는 신학을 전공한 전문가로서, 그리고 신앙생활을 안내하는 사람으로서 가지는 권위고 신뢰에 기반해야 합니다. '저분이 우리에게 성경을 잘 해석해주고 우리를 잘 이끌 수 있다는 지도자다'라는 믿음이 있다면 목사가 요청하거나 강요하지 않아도 권위가 생기지요. 권위를 직책이 높은 사람에게 주어지는 권력으로 오해해서는 안 됩니다.

저 같은 학자에게도 권위가 있습니다. 학자들의 경우 자신의 전공 분야에 대해 한두 시간 이야기하면 듣는 사람들이 그 사람의 실력을 평가하게 됩니다. 전문가에 대한 평가는 냉정하거든요. 자기 분야를 잘 알고 있고 열심히 연구하는 학자에게는 권위가 부여됩니다. 사람들이 인정해주는 거예요. 이것은 권력이 아닙니다.

물론 이런 지식이 힘으로 변화돼 부정적으로 작용할 수도 있습니다. 예컨대 교수와 대학생과의 관계가 대표적이지요. 자신의 지식으로 가르치는 자의 위치에 서게 된 교수는 학생을 평가할 힘을 가집니다. 그리고 적어도 평가와 관련해 학생보다 힘의 우위를 가지게 되지요. 보통 사람들은 교수가 가지는 이런 힘을 '권위'라고 합니다만 엄밀하게 따지면 그것은 학점체계 관리를 위한 '권한'쯤으로 이해할 수 있습니다.

교권이라는 것이 학생들의 학교 내 생활을 전체적으로 통제하는 권한이라고 한다면 그것은 오늘날 민주 시민을 길러내는 걸 목적으로 하는 학교에는 맞지 않습니다.

어른이니까, 선생님이니까 당연히 권위가 있고, 권위라는 힘을 쓰는 것이 정당하고, 그러니 학생들을 통제하거나 특정 태도를 강요할 수 있다고 생각하는 건 인권적 관점에서도 옳지 않지요. 가르치는 사람 입장에서는 불편할 수도 있습니다. 아이들에게 신뢰를 얻고 아이들이 정말 가르치는 사람으로서의 권위를 인정해주길 기다리려면 시간과 노력이 들기 때문이에요. 그러나 아이들의 입장에서 보면 그런 선생님을 만나고 선생님의 그런 행동을 보는 것 자체가 큰 배움이 아닐 수 없습니다.

선생님들도 마찬가지일 거라고 생각해요. 아이들이 무서워서 말을 잘 듣는 것보다는 선생님을 믿고 따를 때 더 기쁘지 않나요?

학교에서는 늘 문제가 생깁니다. 아이들이 영악해져서 10년, 20년 전보다 힘들다고 얘기하시는 선생님들도 많습니다. 아이들에 대한 통제권을 예전처럼 행사할 수 없으니 어떤 면에서는 힘든 상황일 수도 있지요. 이때 제가 얘기한 것처럼 체면 때문에 숨기지 말고 아이들과 어려움을 공유하고 함께 해결 방법을 찾는 선택을 한다면 평화교육으로서도 좋지 않을까 생각합니다. 비록 그 문제를 당장 풀 수 없다고 해도 말이지요.

청중 제 아이가 학교에서 있었던 일입니다. 초등학생인데 전학을 와서 무척 엄격한 선생님을 만났어요. 등교 첫날부터 힘들어하더군요. 이야기를 들어보니 담임선생님이 차렷, 열중쉬어, 머리에 손 올려, 이러면서 군대식으로 아이들을 통제했다고 하더라고요. 수업 시간에 떠드는 아이의 이름을 강제로 적어서 내게 하고, 우리 반이 얼마나 행복하고 평화로운지를 모둠 일기에 적게 한대요. 강요된 평화지요. 이런 식으로 겉보기에는 조용한데 그 이면에 폭력이 존재할 때 어떻게 대처해야 할까요?

정주진 가슴 아픈 얘기네요. 우선 아이에게 위로와 격려가 필요할 것 같네요. 그리고 아이가 어떻게 느끼는지, 아이의 문제의식이 무언지를 들어주어야 하겠지요. 만약 같은 생각을 가진 친구들이 많다면, 학부모들과 상의해서 정식으로 선생님과 학교에 건의해야 할 거로 보입니다.

우리가 살고 있는 사회는 민주 사회잖아요. 개인의 자유와 선택권이 보장되어야 하는데 학교에서 이걸 억압해서는 안 될 일이지요. 문제는 학부모와 학교 당국의 용인하에 이런 일이 벌어질 때입니다. 예컨대 좋은 대학을 많이 보낸다는 이유로 학생 체벌을 눈감

아줘요.

학생들은 참고, 학부모는 모른 체합니다. 그러면서 표면적으로 어떤 저항도 없는 가짜 평화가 유지되지요. 아마 그 피해는 나중에 고스란히 아이들에게 돌아갈 겁니다. 그렇게 억압과 강요를 겪으면서 자란 아이들이 아무리 좋은 대학에 간들, 그리고 좋은 직장에 취직한들 행복하고 건강하게 살아갈 수 있을까요? 제가 가장 염려하는 것은 그렇게 억압과 강요 속에서 성장한 아이들이 나중에 성인이 돼서 자신이 그것을 답습하거나 또는 그런 대우를 받는 것을 당연하게 생각하는 겁니다.

제가 가르치는 대학생들 중에도 굉장히 순종적인 친구들이 있어요. 교수들에게 부당한 대우를 받아도 아무 말 못 합니다. 속으로만 삭여요. 그동안 억압된 교육에 길들여진 탓입니다. 강요된 평화는 '말의 통제'로 유지됩니다. 서로 말 꺼내기를 어려워하고 두려워해요. 불이익을 당할지도 모르기 때문이지요.

이런 무수한 현실적 장애 속에서 우리가 평화로운 관계를 만들려면 계속 의문을 가지고 문제 제기를 해야 해요. 물을 수 있는 구조를 만들고 묻도록 독려해야 합니다. 그래야 학생들이 세상을 다시 보고 자기 권리를 찾고, 힘의 관계에 복종하지 않을 수 있어요. 그런 일들은 누가 대신해주지 않고 거기에 속한 사람들이 해야 합니다. 비록 폭력적인 구조를 가진 조직이라 해도 그 안에서 개인이 할 수 있는 일이 분명히 있습니다.

청중 폭력으로 희생당하는 사람이 있을 때, 예컨대 누군가 왕따를 당하는 상황을 평화적으로 해결할 수 있을까요?

정주진 제가 학교 폭력 전문가는 아니지만 폭력의 관점에서 보면 왕따 현상의 근저에는 구조적 문제가 있습니다. 그래서 한 개인이 해결하기는 참 어렵습니다. 그러나 우리가 조금 더 잘 대처할 수는 있겠지요. 예컨대 학교에서 그런 일이 생겼다면 개인의 행위에만 초점을 맞추지 말고 학교 구조에도 질문을 던져야 합니다. 담임선생님, 교장 선생님, 필요하다면 교육청에까지 학교 구조에 대한 질문을 해야 된다고 생각해요. 학교는 주로 처벌과 재발 방지에 초점을 맞추기 때문에 다른 식의 접근도 필요하다고 생각합니다. 피해자의 회복을 돕기 위한 전문가, 심리치료사, 의학 담당자의 도움을 구할 수도 있겠지요. 여러 사람이 함께 문제를 공유하고 해결 방안을 찾는 노력도 해야겠지요. 왜 우리 학교에서, 학급에서 그런 일이 생겼는지를 같이 성찰하고 분석해야 한다고 생각해요. 전체 공동체가 민감하게 문제를 대하는 접근은 왕따 가해자에게도 피해자에게도 그 일이 얼마나 중대하고 심각한 일인지를 알리는 역할을 한다고 생각합니다.

궁극적으로는, 왕따 현상이 생긴 이유를 밝히고 약자에 대한 아이들의 인식, 가정의 지도 방식 등에 어떤 문제가 있는지도 확인해야겠지요. 그리고 장기적이고 체계적인 계획을 세워야 하겠지요. 왕따는 갑자기 생긴 현상이 아니에요. 마찬가지로 하루아침에 해결

될 일도 아니고요. 함께 오래 고민할수록 더 많은 대안이 생길 거로 봅니다.

마지막으로 다시 강조하고 싶은 것은 폭력을 해결하는 과정은 평화적이어야 한다는 겁니다. 폭력을 중단하고 평화를 성취하는 것은 폭력을 가한 상대의 부당한 힘을 힘으로 빼앗고 빼앗은 힘을 자신이 가져와 그 힘으로 무언가를 바꾸는 것이 아닙니다. 대신 공감하고 설득하는 공동의 힘을 만들고 키우는 것입니다. 왕따가 생겼다고 해서 학교를 없앨 수 없잖아요. 학교 안에서 변화의 필요성에 대한 공감대를 만들고 함께 문제를 해결해나가야 합니다. 시간이 걸리겠지만 문제 확인, 토론, 변화의 모색 등을 학생, 교사, 학부모 등이 공동으로 하는 절차를 만들어야 해요. 복잡하고 지난한 과정에 대한 반대도 많고 중간에 포기하는 일도 생길 겁니다. 그러나 변화는 우리가 기울인 노력만큼 찾아옵니다.

3강

차별은 본능인가?

최영은

중앙대학교 심리학과 교수

인간은
왜
폭력을
끄을
행사하는가
?

최영은

중앙대 심리학과를 졸업하고 미국 듀크대Duke University에서 박사학위를 받았다. 미국 펜실베이니아대University of Pennsylvania 심리학과 및 인지과학연구소 연구원과 미국 스키드모어대Skidmore College 조교수를 역임했다. 현재는 중앙대 심리학과 교수로 재직 중이다.

차별은 본능인가?

오늘 말씀드릴 주제는 '인간의 본성을 묻다'입니다.

저는 발달심리학을 전공하였고 이 분야에서 연구를 하고 있습니다. 대부분의 사람들은 발달심리학하면 보통 '아이 잘 키우는 법을 배우는 학문'이라고만 생각하시는데 그건 발달심리학 내용의 극히 일부분에 해당합니다. 발달심리학은 양육만이 아니라 모든 인간의 사고와 행동의 근원, 변화 과정을 연구하는 분야로 인간에 대한 모든 것을 다루기에 심리학 중에서도 가장 기초적이면서도 가장 광범위한 분야라고 할 수 있습니다. 오늘은 그중에서 그간의 발달심리학 연구를 통해 밝혀진 인간 본성에 대해 이야기해보겠습니다. 우선 인간이 선천적으로 가지고 태어나는 것들은 어떤 것들이 있는지에 대해 소개하고, 이러한 타고난 속성들이 사회 속에서 성장하는 과정에서 어떻게 변하는지, 특히 성장 과정에서 어떻게 편견이 생겨나는지 여기에 영향을 미치는 요소들은 무엇인지, 이를 줄

일 수 있는 방법들에 대한 연구 결과는 어떠한지를 소개하도록 하
겠습니다.

'착한 마음'은 어디에서 왔는가

갓난아이들에게는 태어날 때부터 갖고 있는 '기초 능력들'이 많
이 있습니다. 예전에는 인간이 백지상태로 세상에 온다고 주로 생
각했죠. 신생아를 보면 하루에 스무 시간 가까이 잠을 자고 나머지
깨어 있는 얼마 안 되는 시간은 먹거나 배설하는 데 쓰지요. 그래
서 신생아는 별로 인간답지 않아 보이기 쉽습니다. 하지만 신생아
시기부터 인간은 많은 능력을 보유하고 있는 것으로 보고되었습니
다. 그중의 하나는 주의력입니다. 예컨대, 소리가 나는 방향을 파악
하거나 말소리에 주의를 기울인다거나 지루해진 자극보다는 새로
운 자극에 주의를 더 기울이는 것과 같은 능력들이 있습니다[1]. 기
억력도 가지고 있습니다. 예를 들어, 엄마가 임신 중에 특정한 양념
이 들어간 음식을 많이 먹었다면 아이가 태어났을 때 그 음식에 대
한 거부가 덜하고[2], 엄마가 클래식이나 로큰롤 같은 특정 음악을 주
로 들었다면 생후에 태내에서 들었던 음악에는 안정적인 심박 반응
을 보이지만 그렇지 않았던 음악에 대해서는 불안정한 반응을 보이
기도 합니다. 물론 이러한 기억은 주로 감각 경험에 대한 것들이고,
이후에 언어로 기억해낼 수는 없지만 암묵적으로 유사함을 인식할

수 있는 형태의 기억입니다. 그러나 이런 사실을 통해 인간은 기초적인 기억력을 갖고 태어난다고 볼 수 있습니다.

언어 능력의 일부분도 타고나는 면이 있습니다. 'd' 소리와 't' 소리를 구분할 수 있는 것과 같이 말소리를 지각하는 능력이 바로 이러한 부분 중의 하나입니다[3]. 심지어 영아는 성인도 잘 구분하지 못하는 외국어의 특정 소리들도 잘 구분할 수 있다고 해요. 예컨대 영어의 'r' 발음이 있습니다. 우리나라 사람들은 처음 영어 배울 때 'r'과 'l' 구분을 어려워합니다. 우리말에 이 소리들을 활용하지 않기 때문입니다. 일본어도 마찬가지여서 일본 사람들에게도 이 두 소리의 구분은 매우 어렵다고 합니다. 그래서 미국을 방문한 일본 관광객이 'fresh juice'와 'flesh juice'의 발음을 혼동하여 '신선한 주스'fresh juice를 주문하고 싶어 할 때 잘못하여 '살코기 주스'flesh juice를 주문한다는 이야기도 있을 정도입니다. 그런데 놀라운 것은 겨우 만 4개월 된 일본의 영아들은 영어를 접한 적이 없음에도 불구하고 영어의 'r'과 'l' 소리를 잘 구분하는 것으로 보고되었습니다[4]. 즉, 환경을 통한 경험이 없이도 능력을 보이는 것이기에 말소리 구분과 같이 언어 사용에서 가장 기초적으로 필요한 능력은 타고나는 부분이 크다는 것이지요.

또한 인간은 기질도 타고나는 면이 큽니다. 여러 아이들을 접해보셨거나 자녀를 양육해보신 분들은 아마 관찰한 경험이 있으실 텐데요. 아이들마다 신기하게도 타고난 성격적 특성을 보입니다. 어떤 아이는 낯선 환경이나 사람에 대해 거부감이 심하고, 어떤 아이는 낯선 환경에서도 큰 어려움 없이 탐색을 즐깁니다. 소리나 빛과 같은 자극에 영향을 크게 받는 아이가 있는가 하면 그렇지 않은 아이도 있습니다[5]. 또 하나의 활동에 오래 집중하거나 고집을 부리는 아이가 있는가 하면 특정 활동을 쉽게 중단하고 다른 활동으로 옮겨가는, 포기가 쉬운 아이도 있습니다. 이러한 특성적 차이를 학자들은 단순하게는 내향적인 기질과 외향적인 기질로 나누어 보기도 하고, 다른 방식으로 세분화하여 구분하기도 합니다만 중요한 것은 기질의 많은 부분은 날 때부터 보이는 측면이라는 것입니다.

이처럼 인간은 다양한 인지적 능력과 함께 기질과 같은 성격적 측면도 가지고 태어난다는 것이지요. 그렇다면 도덕적 판단 능력은 어떨까요? 인간은 옳고 그름을 가리는 능력도 선천적으로 타고날까요? 어떤 행동이 선한지 혹은 악한지를 판단하는 능력은 인간만이 가지는 고차원적 능력입니다. 대다수의 사람들은 이것이 경험과 교육을 통해 후천적으로 길러진다고 생각하지요. 세상도 경험해야 하고 부모에게 옳고 그름에 대한 교육도 받고, 나아가 학교에서 교육을 받아야 형성될 수 있는 능력이라고 생각합니다. 그런데 최근 심리학 연구 결과들은 도덕적 판단 능력은 후천적으로만 형성되지 않는다는 가능성을 제시합니다.

이와 관련한 연구들은 주로 미국 예일 대학교의 폴 블룸[Paul Bloom]과 카렌 윈[Karen Wynn] 교수의 연구실에서 많이 이뤄졌는데요, 그중 한 연구[6]를 소개하겠습니다. 예전에 교육방송[EBS] '아이의 사생활'이라는 프로그램에서도 소개되었던 내용입니다. 아직 나이가 어리고 사회적 경험이 거의 없는 영아들을 대상으로 도덕적 판단 능력이 있는지를 실험한 것입니다. 영아들에게는 언어적 능력이 없기 때문에 실험자의 질문에 "네", "아니요"와 같이 대답할 수가 없습니다. 그래서 연구자들이 영아들의 반응을 간접적으로 관찰해낼 수 있는 방법을 구축하였는데, 인형들을 제시하였을 때 팔을 어디로 뻗는지를 통해서 선택 반응을 보거나 제시한 자극 중에서 어떤 것을 오래 처다보는지 혹은 짧게 바라보는지와 같은 응시 반응을 활용하는 것입니다. 블룸 교수와 윈 교수는 생후 10개월 된 아이 12명에게 다음 두 개의 장면을 보여주었습니다. 하나는 눈이 달린 빨간색 동그라미가 나옵니다. 이 빨간색 동그라미가 산을 오르려고 애를 쓰고 있을 때 노란색 세모가 나타나서 빨간색 동그라미를 밀어주어 산에 오르는 것을 도와주는 장면입니다. 다른 하나는 빨간색 동그라미가 동일하게 산에 오르려고 애쓰고 있을 때 파란 네모가 나타나서 동그라미를 산 아래로 밀어서 산에 오르지 못하게 하는 장면입니다.

이 두 장면을 보여준 후 연구자들은 영아들에게 말없이 파란 네모와 노란 세모 모형을 제시하고는 둘 중 어느 모형에 더 많이 손을 뻗는지를 관찰하였습니다. 결과는 어땠을까요? 100퍼센트의 영아가 빨간 동그라미를 도와주었던 착한 노란 세모를 고릅니다. 결과는 대상의 색과 모양을 달리해도 같았습니다. 즉, 이러한 선호 반응이 특정 색깔이나 모양 때문이 아니라 이전에 봤던 장면에서 타자를 도왔던 착한 캐릭터였는지 타자를 방해했던 나쁜 캐릭터였는지와 같은 도덕적 판단에 의한 것이었다고 해석할 수 있었습니다. 생후 3개월 아이들을 대상으로도 같은 실험을 하였습니다[7]. 3개월 영아는 아직 신체 발달이 덜 되어 10개월 된 아이처럼 손을 뻗거나 물건을 잡을 수 없고 겨우 목을 가눌 정도이기에 아기 의자에 앉혀 놓고 두 개의 도형 중 어느 것을 오래 보는지 관찰했습니다. 그랬더니 착한 행동을 보인 도형 캐릭터를 더 길게 응시하는 반응이 관찰되었습니다. 어린 영아는 하루 종일 거의 누워서 잠자고 먹고 싸는 줄만 알았는데, 이렇게 이미 기초적으로 도덕적 평가를 할 수 있는 능력이 있음을 제시하는 결과였습니다.

이 연구 결과에서는 한 가지 더 흥미로운 점이 있습니다. 실험에서 동그라미에 눈을 붙여서 도형을 의인화한 형태로 제시했었는데 동그라미의 눈을 떼어 무생물의 도형 형태로 바꾸어 제시한 경우의 반응이었습니다. 동그라미에서는 눈을 떼었지만 세모와 네모에는 여전히 눈을 붙인 상태로 실험을 해봤더니 영아들의 반응이 달라졌습니다. 영아들이 착한 세모혹은 네모에 보이던 선호도가 사라진 것입니다. 이 결과는 3~10개월 영아 모두에서 관찰되었습니다. 이 결과는 과연 무엇을 의미하는 것일까요? 영아들은 도덕적 평가를 할 때 생명이 있는 존재와 관련된 경우에만 이를 적용한다는 것을 시사하는 것입니다. 즉, 착하고 선한 것에 대한 판단을 생명이 있는 존재와 관련된 상황에서만 적용한다는 것입니다. 이는 영아들의 기초적 도덕 평가의 능력이 단순한 것이 아니고 대상에 대해 선별적으로 보이는 매우 특화된 능력이라는 것을 제시하는 것으로 아주 놀라운

어린 영아는 하루 종일 거의 누워서 잠자고 먹고 싸는 줄만 알았는데, 이미 기초적인 도덕적 평가를 할 수 있는 능력이 있음을 제시하는 결과였습니다.

발견이었습니다.

인간이 도덕적 판단 능력을 갖고 태어난다는 것은 이러한 능력이 진화의 산물일 가능성을 제시합니다. 다윈에 따르면 어느 종의 생존율을 높이는 특정 행동을 발현한 개체가 자연 선택되어 그 형질이 이후 세대로 존속됩니다[8]. 발달심리학자들은 이러한 가능성을 검증하기 위해 인간과 가장 가까운 영장류를 대상으로 실험하기도 합니다. 그들에게도 유사한 행동이 나타나는지 살펴보고, 유사한 행동이 관찰된다면 진화적으로 이어져 온 형질이라는 점을 뒷받침하는 증거가 되기 때문입니다. 이 분야의 대표적인 발달심리학자인 마이클 토마셀로는 다양한 실험을 통해 침팬지와 인간의 도움 행동을 비교했습니다. 그 결과, 침팬지에게서도 인간 유아와 유사한 도움 행동이 관찰되었습니다[9]. 막 걸음마를 떼기 시작한 인간 유아도 다른 성인이 떨어진 물건을 집으려고 하는데 다른 물체에 걸려서 집지 못할 경우에는 자신이 다가가 대신 물건을 집어서 가져다주는 이타 행동을 보입니다. 침팬지의 경우에도 실험자가 물체를 떨어뜨리고 잘 줍지 못하지만 줍고 싶어 하는 행동을 보여주면 주워서 실험자에게 가져다주는 행동이 관찰되었습니다. 이러한 결과는 인간 영아가 보이는 기초적 도덕 능력은 선천적인 것이며 진화 과정에 그 기원을 두고 있음을 지지하는 것이었습니다.

미국 예일 대학교를 중심으로 한 일군의 심리학자들은 이러한 기초적 도덕 능력의 관찰에서 한 걸음 나아가 더 흥미로운 연구를 합니다[10]. 영아나 유아에게 착한 대상과 나쁜 대상을 보여준 후에

이 대상들을 다시 돕거나 방해하는 또 다른 대상들을 보여줍니다. 조금 복잡하게 느껴지실 것 같습니다. 좀 더 상세히 말씀드리면, 우선 오리혹은 다른 동물가 한 마리 등장해서 플라스틱 통에 들어 있는 장난감을 꺼내려고 안간힘을 쓰지만 뚜껑은 열리지 않습니다. 이때 초록 옷을 입은 코끼리가 등장해서 오리가 뚜껑을 열 수 있도록 도와줍니다. 이어지는 장면에서 다시 오리가 뚜껑을 열기 위해 애를 쓰는 모습을 보여주고, 이번에는 주황 옷을 입은 다른 코끼리가 나타나서 뚜껑을 아예 열지 못하게 꽉 눌러버리는 모습도 보여줍니다. 즉, 초록 옷 입은 코끼리는 앞서 실험에서 등장한 '착한 세모'와 같은 대상이고 주황 옷 입은 코끼리는 '나쁜 네모'와 같은 대상입니다.

이렇게 도움을 준 코끼리와 방해한 코끼리를 보여준 후, 추가 장면을 더 보여줍니다. 하나는 아까 오리를 도운 착한 코끼리가 공을 가지고 나와서 놀다가 떨어뜨립니다. 이 공이 마침 옆에 서 있던 순록 앞으로 굴러갑니다. 코끼리가 돌려달라는 몸짓을 보이지만 이 순록은 거부합니다. 이어서 다른 순록이 등장하지요. 그런데 이 순록은 코끼리가 요청하자 순순히 공을 코끼리에게 돌려줍니다. 오리를 방해했던 나쁜 코끼리에게도 동일하게 공을 주는 순록과 공을 빼앗아 가는 순록을 보여줍니다. 그런 다음 영아와 유아가 착한 코끼리였는지 나쁜 코끼리였는지에 따라 두 순록을 선호하는 반응이 달라지는지를 관찰합니다. 기억할 내용도 많고, 코끼리에 대한 도덕적 평가에 이어 순록의 행동까지 평가해야 하는 꽤 복잡한 실험이었습니다. 과연 연구 결과가 어땠을까요?

이 연구에서는 생후 5개월 된 영아들의 선호도를 봤더니 선행 연구와 마찬가지로 착한 코끼리에 대한 선호가 지배적으로 나타났습니다. 그런데, 순록의 행동에 대해서도 마찬가지로 착한 순록을 전반적으로 선호하는 것으로 나타났습니다. 하지만 8개월부터는 영아의 반응이 다르게 나타나기 시작했습니다. 착한 코끼리인 경우에는 공을 돌려준 순록을 선호하였지만 나쁜 코끼리인 경우에는 반대로 공을 빼앗아간 순록을 선호하는 반응이 나타난 것입니다. 즉, 나쁜 코끼리에게는 착하게 하는 것보다 나쁘게 하는 것을 좋아하였다는 것으로 마치 나쁜 코끼리는 벌을 받는 것이 마땅하다는 기대를 가지고 있음을 보여준 것입니다. 특유의 권선징악적인 사고인데, 이러한 도덕적 평가와 판단의 능력은 생후 8개월 무렵이면 이미 발달하기 시작하는 것입니다. 이와 같이 빠르게 도덕적 능력이 발달할 수 있는 배경에는 마찬가지로 인간에게 타고난 기초적 도덕 능력의 근간이 있기 때문이라고 추측해볼 수 있습니다.

이처럼 우리 인간은 기억력, 주의력, 언어 능력, 개인적 기질은 물론 도덕적 판단 능력도 어느 정도 갖고 태어납니다. 이러한 생애 초기의 능력들은 우리에게 이타적 행동을 하도록 돕기도 하지만 한편으로는 편향적 사고와 행동의 근간이 되기도 합니다. 특히, 인간은 발달 초기부터 자신이 소속된 집단에 대해 우호적인 편향성을 보입니다. 다음에서는 이와 관련한 내용을 살펴보겠습니다.

차별은 본능인가

우리는 내가 소속된 집단에 속한 사람에게는 호의적이지만 다른 집단에 소속된 사람들에게는 배타적이 되기도 합니다. 이런 예는 정치적 견해나 행동을 할 때 주로 드러나는 것처럼 보이지만 우리 주변의 일상적인 사회적 상황에서도 의외로 자주 접할 수 있습니다. 내가 소속된 학급, 단체 등 그 크기는 다양하지만 대체로 내가 소속된 '내집단'에 대해 긍정적이고 그렇지 않은 타 집단, 즉, '외집단'에 배타적이지요. 이러한 '편향성'은 사회 환경에서 성장하면서 경험적으로 얻어지는 부분도 크지만, 아직 경험이 많지 않은 발달 초기부터 나타나는 부분이 있고, 이러한 초기의 편향성은 이후의 차별에 대한 기반이 될 가능성을 제기하는 연구 결과들이 있습니다.

앞서 소개한 예일 대학의 연구자들은 9개월과 14개월 영아들에게 먼저 음식을 제시하고 영아가 어떤 음식을 선호하는지를 살펴봅니다[11]. 예컨대, 콩과 과자를 보여주면 대개의 영아들은 과자에 손을 뻗어 선호를 보여줍니다. 이렇게 본인의 선호를 먼저 확인한 후, 이 영아들에게 두 인형을 소개하고, 이 인형들의 취향을 보여줍니다. "이 강아지는 너처럼 과자를 좋아해." 하지만 "이 강아지는 너하고는 달리 콩을 좋아하는 인형이야"라고 제시하여 참가 영아와 취향이 같은지 다른지를 알려줍니다. 그런 다음에 두 마리 동물이 나타나서 이 강아지들에게 도움을 주거나 방해하는 행동을 하는 것을 보여줍니다. 마지막에는 이 강아지들을 돕거나 방해했던 동물들을 영아들에게 동시에 보여주면서 어느 쪽으로 팔을 뻗는지를 관찰하여 영아들의 선호를 확인합니다.

여러분이라면 자신과 취향이 비슷한 사람에게 도움을 주는 사람이 좋은가요, 방해하는 사람이 좋은가요? 자신과 취향이 다른 사람한테는 어떻습니까? 영아들은 어떤 선호도를 보였을까요? 결과를 보니, 겨우 9개월밖에 되지 않은 어린 영아들도 나와 취향이 같았던, 즉 나처럼 과자를 좋아했던 강아지 인형에게 착하게 도움 행동을 한 동물을 선호하였습니다. 충격적인 것은, 영아들이 자신과 다른 취향을 보였던 강아지 인형에게는 나쁘게 방해했던 동물을, 도와주었던 인형보다 더 선호하는 반응을 보였다는 점입니다. 그리고 이러한 경향은 14개월에는 더 높은 것으로 나타났습니다. 영아들이 못됐다고요? 아까는 인간이 선하게 태어났다고 생각했는데, 이건 정말 뜻밖의 정반대되는 것과 같은 결과이지요? 게다가 취향이 다르다는 이유로 방해받아 마땅하다고 생각하는 건 더욱 충격적인 결과입니다.

그런데 자신과 비슷한 사람을 선호하고 다른 사람을 배격하는 편향성은 비단 선호하는 음식과 같은 취향에만 국한되지 않습니다. 이런 편향에 더 큰 영향을 미치는 요인 중 하나는 '언어'입니다. 나와 같은 언어를 쓰는 사람은 좋지만 그렇지 않은 사람은 싫다는 선호는 생후 5개월 무렵부터 나타난다고 합니다. 이를 보여준 실험 보고가 있습니다[12]. 이 연구에서는 10개월 영아들을 대상으로 "나는 동물원에 가는 것을 좋아해"라는 말을 영어로 하는 사람과 똑같은 내용을 프랑스어로 말하는 사람을 보여줍니다. 그런 뒤에 두 사람이 동시에 "나랑 놀래?" 하며 장난감을 내밉니다. 이때 영아들이 누구의 장난감을 더 잘 받는지를 관찰하였더니 프랑스 아이들은 프랑스어를 쓴 사람에게서 더 장난감을 많이 받았고, 미국 아이들은 영어를 쓴 사람에게서 장난감을 받은 경우가 많았습니다. 마찬가지로 5세의 아이들에게 또래 아이들을 보여주고 어떤 친구와 놀고 싶으냐고 물어보면 같은 언어를 사용하는 아이라고 대답합니다. 이러한 선호는 5~6개월 영아들에게서도 관찰됩니다. 이렇게 전 연령대에서 고르게 '편향'이 관찰되었어요. 어쩌면 당연한 결과인지 모릅니다. 말을 못 알아들으면 아무리 그 사람이 착해 보여도 선뜻 어울리기가 어렵겠지요.

그런데 여기에서 나아가 둘 다 모국어 화자인데 한 명은 외국어 억양이 있고, 다른 한 명은 모국어의 억양으로 말하는 것을 보여주면 억양에 따라서도 편향을 보입니다. 이 경우에는 두 화자 모두 말을 알아들을 수 있음에도 불구하고 억양에 의해서 다른 선호를 보이게 되는 것입니다. 5세 아동들도 억양이 있는 모국어보다 자연스러운 모국어를 쓰는 또래를 친구로 더 선호했습니다. 심지어 5~6개월 영아들도 모국어 억양의 화자를 외국어 억양의 화자보다 더 길게 응시하는 선호 반응을 보였습니다. 언어나 억양에 따른 타자에 대한 선호와 편향이 아주 발달 초기부터 관찰된 결과였습니다.

이와 같이 인간은 긍정적인 면을 타고나기도 하지만 부정적인 면

학교에서 심각한 문제가 되고 있는 '왕따' 현상도 그런 부분과 맞닿아 있습니다. 나와 조금 다르다고 해서 집단적인 괴롭힘의 대상이 됩니다.

도 타고납니다. 특히, 인간은 아주 어렸을 때부터 특정 단서들을 중심으로 하여 사회에 대한 어떤 편향적 기대를 가집니다. 나와 비슷한 사람이나 집단에는 긍정적으로 대하고, 다른 사람들도 나를 긍정적으로 대해주기를 기대합니다. 그러나 다른 집단에 대해서는 배타적인 기대를 하고 행동을 합니다. 학교에서 심각한 문제가 되고 있는 '왕따' 현상도 그런 부분과 맞닿아 있습니다. 나와 조금 다르다고 해서 집단적인 괴롭힘의 대상이 됩니다. 그래서 인간에게는 태생적으로 두 가지 측면이 모두 있다고 보아야 합니다. 밝은 면은, 인간이 어려서부터 친사회적 행동에 대한 평가를 할 수 있고, 이타적 행동을 할 수 있다는 점입니다. 도덕적 판단, 즉 옳고 그름을 판단할 수 있고, 이는 공감 능력과 이어지기도 합니다. 상대방이 뭘 원하는지 알고 이를 도울 수 있으니까요. 이와 반대로 어두운 면은, 자기와 비슷한 사람, 혹은 집단에 대해서만 이러한 이타성을 적용하려는 점입니다. 이러한 배타성은 결국 사회적 편견이나 차별로 이어집니다.

하지만 보다 중요한 것은 인간의 이러한 태생적인 편향성은 자라면서 바뀔 수 있는 가능성이 존재한다는 점입니다. 어떠한 사회 문화적 환경에서 교육받고, 성장하느냐에 따라 편견을 줄이거나 없앨 수도 있고, 반대로 극대화시킬 수도 있기 때문입니다. 다음에서는 우선 편견이 미치는 부정적 영향과 그 위험성을 살펴보고, 어떻게 하면 편견을 줄이거나 없앨 수 있는지에 대한 얘기를 해보겠습니다.

가능성과 능력을 위축시키는 편견

편견stereotype 또는 선입견prejudice은 타인 혹은 타 집단에 대해 가지고 있는 부정적 기대나 견해를 일컫습니다. 그리고 편견은 편견을 받는 대상에게는 위협이 됩니다. 누군가 나에 대해 '편견'을 가지는 순간을 생각해보세요. 우선적으로 다른 사람이 나에 대해 부정적으로 평가할 것이라는 기대만으로도 두려움이 생기고 불안을 느낍니다. 그리고 이러한 감정은 나를 위축시키고, 나아가 내가 가진 가능성과 능력을 위축시킵니다. 예를 들어, 편견을 가진 사람들 앞에서 발표하거나 주장을 펼쳐야 한다고 생각해보면 가진 능력을 충분히 발휘하기 어렵습니다. 많은 연구 결과도 이를 뒷받침하고 있습니다.

대표적인 연구로 맥권Mckwon과 와인스타인Weinstein의 연구를 들 수 있습니다[13]. 이 연구자들은 미국에서 유럽계 미국인 아동과 아프리카-라틴계 미국인 아동을 대상으로 비교 연구를 했습니다. 잘 아시겠지만 미국 사회에서 이 인종 집단들 사이의 지위에는 전반적으로 차이가 있습니다. 아프리카계 미국인들은 미국 역사에서 오래도록 핍박받아 왔지요. 평등해졌다고는 하지만 여전히 인종 차별이 많이 남아 있습니다. 라틴계 미국인들도 마찬가지입니다. 경제적 어려움에서 미국으로 이주한 사람들이 많다 보니 미국 사회에서도 저소득층에 상대적으로 많이 분포되어 있습니다. 지역적으로도 살펴보면 유럽계 미국인들은 상대적으로 부유하고 안전한 지역에 많이 살지만 아프리카계나 라틴계 미국인들은 경제적으로 취약한 지역에 거주하는 비율이 높습니다. 그래서 미국 사회에는 유색 인종들에 대해 많은 편견이 있습니다. 특히, 아프리카계와 라틴계 성인만이 아니라 아동들도 게으르고 성실하지 않고 학교에서의 수행도 나쁘다고 바라보는 시선이 바로 그런 편견 중의 하나입니다.

맥권과 와인스타인은 이러한 편견이 실제 아프리카계와 라틴계 아동들에게 부정적인 영향을 미치는지 살펴보고자 초등학교 저학년 아이들을 대상으로 하여 두 가지 다른 상황에서 언어 시험 성적을 비교해봅니다. 먼저 첫 번째 상황에서는 아이들에게 그동안 학교에서 얼마나 수업을 잘 들었는지 아이들의 수행을 평가하겠다고 적시한 상황입니다. 이런 상황에서 유럽계 미국인 아동들은 평균 점수가 90점 정도로 나타났지만 아프리카계와 라틴계 아이들은 평균 60점으로 수행이 낮게 나타나 사람들이 대개 기대하는 것과 일치하는 방향으로 결과가 나왔습니다. 즉, 미국 사회에서 작동하는 아프리카계와 라틴계 미국인들에 대한 편견에 일치하는 결과를 보여준 것입니다.

그러나 두 번째 상황에서는 상황을 달리하여, 학교에서의 수행 평가가 아니고 그동안 배운 것들에 대해 현재 어느 정도 이해하고 있는지를 한 번 살펴보는 것이라고 하고, 언어 시험을 보도록 합니다. 특히, 평가하려는 시험이 아니라고 말해줍니다. 그랬더니 놀랍게도, 이 상황에서는 두 아동 집단의 언어 시험 평균 점수가 비슷하게 나타납니다. 특히, 아프리카계와 라틴계 아동들의 점수가 많이 높아져 있는 걸 볼 수 있었습니다. 왜 이런 차이가 발생한 것일까요? 연구자들은 이 결과를 '편견 위협에 따른 효과'로 해석합니다. 학교에서 얼마나 잘하는지 평가해보겠다고 공지하는 순간에 아프리카계와 남미계 아이들에게는 자신들이 소속된 집단에 대해 사회가 가지고 있는 편견이 상기된다는 것입니다. '너희들은 공부를 못하잖아. 우린 그걸 알고 있어. 너희도 마찬가지인지 확인하려고 해'와 같이 해석되고 받아들여지는데 바로 이것이 편견이 상기되면서 작동하는 위협이라는 것이지요. 이러한 편견의 위협을 받으면 앞서 말씀드린 것과 같이 심리적 압박감이나 불안감, 위축감 때문에 평소 실력을 발휘하지 못하고 낮은 수행을 보이게 된다는 것입니다. 이러한 연구 결과는 편견이 실제로 똑똑하고 영리한 사람도 그 사람의 능력을 충분히 발휘하지 못하도록 부정적인 방해 작용을 할 수 있음을 보여주는 것이었습니다.

인종에 따른 편견만이 아니라 성별에 따른 편견이 주는 효과에 대해서도 유사한 결과가 있습니다. 보통 여성에 대해 부정적인 편견이 많습니다. 그중 대표적인 것은 여자들은 수학을 잘하지 못하고 수학적 사고에 취약하다는 생각입니다. 정말 그럴까요? 앞서 제시한 연구에서처럼 여학생과 남학생을 두고 편견을 유발하는 상황에서 수학 시험을 보게 할 때와 그렇지 않은 상황에서 시험을 볼 때를 비교해보면, 마찬가지로 편견의 부정적 효과가 크게 나타납니다[14]. 편견의 위협이 작동하지 않는 상황에서 수행하도록 하면 여학생들의 수학 시험 점수가 남학생들보다 낮게 나타나지 않는다는 것이지요. 이러한 결과들을 보면 편견은 한 개인, 나아가 한 집단의 수행에도 부정적인 영향을 끼칠 수 있는 상당히 위협적인 요소입니다. 단지 불안이나 두려움에서 끝나지 않고 실제로 나의 잠재성, 능력을 막는 요인이 되기 때문입니다.

중요한 것은 편견은 항상 상대적으로 작용한다는 것입니다. 서로 다른 두 집단이 존재하고, 그 사이에 위계나 지위의 차이가 존재할 때 두드러지게 나타납니다. 사회적으로 우위를 점하는 집단에는 부정적인 편견이 작동하지 않고, 상대적으로 취약한 하위 집단에 집중됩니다. 미국이나 유럽의 인종적 편견이 그렇고, 성별에 따른 편견도 그렇습니다. 여성의 사회적 지위가 상대적으로 낮기 때문에 편견의 영향을 받게 되는 것입니다. 우리는 보통 이런 편견이 피부색 같은 외모나 사회적 지위에서 주로 기인한다고 생각합니다. 그런데 발달 과정을 살펴보면 흥미롭게도 5, 6세가 되기 전까지 아동들이 주로 활용하는 사회적 분류 단서는 언어입니다. 그리고 언어 사용에서도 억양이나 발음이 주요하게 상대를 '나와 같다' 혹은 '다르다'로 구분하는 기준으로 이용되는 것으로 보입니다. 피부색과 같이 외형적인 측면에 대해서는 5세까지는 특별한 기대나 선호가 나타나지 않습니다[15]. 성별에 대해서도 마찬가지입니다[16]. 그러다가 5, 6세 이후부터는 물질이나 자원의 보유 정도에 주의를 기울이기 시작하고, 이에 따른 집단 선호와 구분이 발달하기 시작합니다. 누가 장난감이 더 많고, 누구네 집이 더 좋고, 누가 더 좋은 옷을 입는가를 비교하는 것이지요. 그리고 물질적 자원이 많을수록 긍정적으로 평가하고 친구가 되고 싶어 합니다. 결국 인종적 편견이나 차별은 단순히 피부색이 아닌 물질적 자원의 보유 정도를 기반으로 형성되는 측면이 큰 것입니다. 이러한 사실은 다른 측면에서 말하자면, 현실 사회에서 자원의 분배가 인종과 성별 간에 고르고 평등하게 이뤄져 있다면 아이들이 인종이나 성별에 따른 편견을 발달시키기 어렵다고 볼 수도 있는 것입니다.

안타깝게도 사회적 차별과 편견에 노출된 구성원들은 자기가 속한 인종 집단이 사회에서 부정적 평가를 받으면 이를 내재화시키면서 자아 개념에도 부정적인 영향을 받고, 소속된 집단을 편견과 동일하게 부정적으로 바라보고 평가 절하하는 오류도 범하게 됩니다. 예컨대, 미국의 아프리카계 아이들은, 자기가 소속된 흑인 집단이 계속 사회적으로 부정적인 시선을 받는 것에 대해 부당하다고 문제 제기를 하면서 저항하는 것이 아니라 "아, 그래 맞아"라고 동조하며 이를 믿고 따르기도 합니다[17]. 이런 구성원의 경우에는 어떻게든 자신이 소속된 집단에서 벗어나려고 노력하기도 합니다. 실제로 미국에서 상류층에 진입한 흑인 중에는 자신들의 문화적 정체성을 부인하고 주류 사회라고 믿는 백인의 정체성과 백인의 문화를 수용하여 자신의 것으로 만들고자 애쓰는 사람들도 있습니다. 한국에서 미국으로 이민한 한국인들의 자녀들도 유사한 케이스를 왕왕 볼 수 있습니다. 성장 과정에서 한국 문화의 뿌리와 언어를 정체성으로 확립하기보다는 본인을 백인과 동일시하면서 백인처럼 생각하고 행동하려고 애쓰는 경우가 바로 그러한 사례들입니다. 이들은 심지어

부모나 친척들과 한국말로 이야기하는 것도 꺼린다고 합니다. 즉, 아시아계에 대한 미국 사회의 편견을 거부하기보다 그 편견에 동조하여 자신이 속한 인종 집단을 부정적으로 인식하고, 그 집단에서 벗어나고자 하는 것입니다.

편견의 악순환 끊기

지금까지 보신 것과 같이 편견은 작은 차이에서 비롯되기 시작합니다. 나와 유사한지 아닌지에 활용할 수 있는 단서들을 중심으로 상대방과 나를 구분하는 것인데, 이렇게 시작된 작은 구분은 사회적 비교와 이에 대한 명명으로 인하여 편견으로 강화됩니다. 이러한 과정을 직접적으로 보여주는 재미있는 실험을 하나 소개하겠습니다. 예전에, EBS에서 실험을 직접 해보기도 했었던 것입니다. 이 연구는 텍사스 대학의 심리학자 레베카 비글러Rebecca Bigler가 한 것으로 비글러는 여름 캠프에 참석한 초등학교 1~6학년 아이들을 아무 기준 없이, 무작위로 노란색 셔츠와 파란색 셔츠를 입게 합니다[18,19]. 그리고 나서 아이들을 색깔에 따라 다르게 대합니다. 자리에 앉히거나 과제를 줄 때도 색깔별로 구분합니다. "노란색이구나. 너는 여기 앉아, 파란색은 저기 앉고." 이런 식으로 계속 구분하고 명명한 것이지요. 그리고 교사로 하여금 특정 집단을 선호하는 것을 표현하도록 합니다. 예컨대, 교사는 노란 셔츠 집단 아이들에게 계속 칭찬을 합니다. "너희는 정말 그림을 잘 그리는구나. 참 잘했어"와 같은 형태로 선호를 드러내도록 하였지요. 여름 캠프는 보통 2~3주 정도 되는데요. 끝날 무렵에 조사를 해보니 아이들 사이에서 노란색 집단에 대한 선호가 확 올라가 있었습니다. 파란색 집단에 속한 아이들은 노란색 아이들을 부러워하고 동경했고요.

앞서와 달리 담당 교사가 특정 집단에 대한 명명이나 선호를 전혀 드러내지 않도록 한 조건도 있었습니다. 이 상황에서는 교사가 아이들의 자리 배치나 과제 수행 때 입은 옷을 말하지 않고 어떤 집단에 대해 칭찬도 하지 않도록 하였습니다. 마찬가지로 여름 캠프가 끝나고 나서 이 아이들도 조사를 했습니다. 그랬더니 놀랍게도 이 아이들에게서는 배타적인 특성과 특정 집단에 대한 선호가 전혀 형성되어 있지 않은 것으로 나타났습니다.

이 연구 결과는 사회적 비교와 명명이 편견을 강화한다는 점을 잘 보여줍니다. 특히, 교사는 아이들에게는 여러 측면에서 권위를 가진 사람입니다. 권위가 있는 사람이 집단을 나누고 특정 집단을 선호하면 아이들에게 영향을 미쳐 특정 집단에 대한 편향적 태도를 갖게 하는 것입니다. 여러분도 학교 다닐 때 선생님께서 해주신 말 한마디가 큰 힘이 된 경험이 있는가 하면 반대로 큰 짐이 됐던 경험이 한 번쯤은 있으실 겁니다. 실제로 교사의 편견이나 부정적 기대는 학생의 시험 성적은 물론 학습 동기도 떨어뜨린다는 연구 결과도 있습니다[20]. 심지어 노골적인 차별이 아니라 부지불식간에 드러나는 편견인데도 영향을 미치기도 합니다. 네덜란드에서 초등 1~6

학년을 대상으로 교사가 터키나 모로코에서 이주한 학생들을 대할 때 미묘하고 잘 드러나지 않는 편견을 가지고 대한 경우를 살펴보았더니 아주 미묘하더라도 편견이 있었다면 그렇지 않은 교사의 학생보다 학업 성취도가 낮았다고 합니다[21]. 이와 같이 편견은 우리의 사고와 행동을 제약합니다.

그리고 이렇게 형성된 편향적 태도와 편견은 해당 집단에 대한 부정적인 처우로 이어지기도 합니다. 미국에서 초등학교 4학년인 백인 아이들을 대상으로 예술가들에게 돈을 어떻게 나누어 주겠느냐고 물어보면, 백인 예술가인 경우에는 그 예술가가 성실한 경우와 가난한 경우에 공평하게 돈을 분배해주겠다고 합니다. 하지만 흑인 예술가를 대상으로 돈을 어떻게 분배하겠냐고 동일한 상황을 제시하고 질문하면, 아이들은 흑인은 성실한 예술가라면 돈을 더 주어야 하고 가난한 예술가에게는 돈을 적게 줄 것이라고 답하였습니다. 왜 그랬을까요? 가난한 백인과 달리 가난한 흑인에 대한 편견이 선호에 영향을 미친것이지요[22]. '가난한 흑인은 게을러. 돈을 줘봐야 소용없어' 이렇게 생각한 겁니다. 즉, 사회적 자원이 부족한 흑인들에게 작동하는 편견은 다시 이들의 행동을 제약하게 하는 제한 수단이 되고, 이로 인해 사회적 집단 간의 위계적 차이는 유지되고 공평한 분배는 이뤄지지 못하게 되는 것입니다. 그리고 그러한 결과가 또다시 편견을 강화하는, 악순환으로 이어지게 만드는 것이지요.

편견이 한국에서 성장하는 아이들에게도 영향을 미칠까요? 지금까지 여러 연구 결과들을 종합해보면, 아이들을 나누어 경쟁하도록 부추기고 권위가 있는 교사와 어른들이 여기에 대해 선호를 드러낼수록 부정적인 영향을 미칠 수 있음을 알 수 있습니다. 경쟁이 무조건 나쁜 것은 아니겠지만 경쟁적으로 공부 잘하는 것에 대해서 부지불식간에 교사와 부모가 특정 아동이나 특정 집단에 대해 드러내는 선호나 부정적 견해는 궁극적으로 학력에 따른 차별과 편견을 양산하고, 이를 통해 많은 아이들의 다양한 가능성과 잠재력을 가로막을 수도 있는 것입니다. 우리 사회는 실제로 학력 차별이 심하고 여기에 대한 편견이 강합니다. 어려서부터 경쟁을 강조하고 비교하면, 하위 집단에 속한 아이들은 잠재적 능력이 있는 경우에도 이를 제대로 발휘하지 못하고 포기하게 되는 부분도 클 것입니다. 이는 장기적으로, 또 사회 전체적으로 보면 엄청난 손실일 것입니다.

그렇다면 편견을 없애는 방법은 무엇일까요? 잘못된 편견으로 편견-실패-편견의 악순환에 빠져들지 않도록 할 수 있는 방법은 없을까요? 앞서 소개했던 연구 결과들에서 중요한 실마리를 찾을 수 있습니다. 비글러의 연구를 보면, 교사처럼 권위를 가진 사람이 선호를 드러냈을 때 아이들도 그런 편견을 내면화하였습니다. 그러나 반대로 권위를 가진 인물이 편견 없이 대한 경우에는 이런 편견이 형성되지 않은 것을 볼 수 있었습니다. 즉, 아이들이 사회에 대해 주로 배움을 얻는 대상인 어른과 교사의 편견 없는 태도가 성장하는 아이들에게서 편견을 줄이고 없앨 수 있는 매우 중요한 요소인 것입니다. 먼저, 어른들이 변화하여야 하는 것이지요[23].

편견을 없애는 또 하나의 방법은 '사람은 변할 수 있다'는 점을 받아들이는 것입니다[24]. 사람은 환경에 따라 바뀝니다. 게으른 사람도 성실해질 수 있고, 나쁜 사람도 착해질 수 있습니다. 공부를 못하던 사람도 열심히 하면 성적이 올라갈 수 있습니다. 특히 어린 나이에는 변화의 가능성이 더 크지요. 그런 사실을 인식하고 수용하면 '나와 다른 사람'과도 어울릴 수 있습니다. 타인이나 타 집단에 대해 보다 융통성 있는 사고를 할 수 있을 때, 편견적인 사고를 덜하게 되고 더 수용적인 태도를 보일 수 있게 되기 때문입니다.

편견을 줄이고 없애는 데 효과적인 방법이 하나 더 있습니다. 나와 여러 측면에서 다른 다양한 집단의 사람들과 자주 어울리고 생활하고 경험하는 것입니다[25]. 미국에서도 여러 인종이 섞여 있는 학교에 다니는 학생들일수록 편견이나 차별적 관념이 적다고 합니다. 실제 매일 만나면서 부딪히다 보면 차이점도 보이지만 유사한 점도 많이 발견하게 되기 때문입니다. 또한 편견의 감소는 수행에도 영향을 미쳐서, 어릴 때부터 다양한 인종이 통합된 학교를 다닌 소수 인종 집단의 아동들은 성취도나 진로에 대한 열정, 동기가 인종적으로 단일한 학교에 다닌 아이들보다 강하다고 합니다[26]. 마찬가지로 장애인과 함께 지낸 경험이 많은 사람일수록 장애인에 대한 편견이 적고 덜 차별적일 수 있습니다. 이런 이유로 통합 학교가 설치, 운영되기도 하는 것이고요. 자주 접할 수 없어 멀게만 느껴졌던 장애인들과 함께 지내다 보면 그들도 우리와 똑같은 분들이라는 걸 알게 됩니다. 그러다 보면 자연히 차별적인 인식은 사라질 수 있습니다.

편견의 감소가 수행에 긍정적인 영향을 준다는 연구 결과도 많습니다. 예컨대, 우리는 노화에 대해 편견이 있습니다. 나이가 들면 기억력이 나빠진다고들 하지요. "리모컨을 냉장고에 두고 한참 찾았어. 나도 이제 치매인가?" 사람들이 농담 삼아 그런 말을 하지요. 그런데 정말 나이 들면 기억력이 나빠질까요? 그래서 심리학자들이 실험을 하나 했습니다. 노인들을 두 집단으로 나누고 글을 읽게 합니다. 한 집단은 나이 들면 기억력이 감퇴한다는 고정 관념을 상기시켜주는 글을 읽게 하였고, 다른 집단은 그렇지 않은 중립적인 글을 읽게 한 다음에 기억력 검사를 하였습니다. 결과를 보면, 고정관념이 상기된 첫 번째 집단의 노인들은 기억력 수행이 낮았지만 고정관념이 상기되지 않았던 집단의 노인들의 기억력은 대학생과 유사한 수준으로 나타났습니다[27]. 기억력에 대한 부정적 인식도 편견에 기인한 부분이 컸던 것입니다.

편견을 없애려는 노력은 심리학 분야에서도 계속되어 왔습니다. 2006년 코헨Cohen 등의 연구자들은 자신이나 자신이 소속된 집단에 대한 긍정적인 글쓰기가 편견의 영향을 감소시킬 수 있을 거라 생각하고 이를 검증해 보았습니다[28]. 대상은 아프리카계 학생들이었습니다. 편견에 많이 노출되는 학업 성적이 낮은 집단이었죠. 이 학생들을 두 집단으로 나누고 한 집단에게만 학기 초에 약 15분 정도에 걸쳐 '내게 소중한 가치'라는 주제로 글을 쓰도록 합니다. 그리고 학기 말에 두 집단 학생들의 성적을 비교해보았습니다. 놀랍게도 비록 매우 짧은 학기 초의 글쓰기였지만 글쓰기를 한 집단의 학생들은 그렇지 않았던 학생들에 비해 성적이 크게 향상된 것으로 나타났습니다.

어떻게 이런 결과가 나왔을까요? 연구자들은 학생들의 글쓰기가 그동안 내면화되어 있던 편견에서 벗어날 수 있는 계기를 마련해주었다고 설명합니다. '내게 소중한 가치'를 생각하면서 삶을 돌아보는 과정에서 가족이나 내가 속한 집단의 가치도 상기하게 될 겁니다. 가족에 대한 사랑, 행복, 봉사 같은 긍정적인 가치를 떠올리겠지요. 그러면서 소속된 집단에 대한 부정적 편견을 상대적으로 약화시킬 수 있다고 합니다. 가난, 차별, 증오, 이런 것들을 소중한 가치라고 생각하지는 않기 때문이지요. 즉, 글쓰기가 자신과 자신이 속한 집단에 대한 긍정적 인식을 촉진한다는 것입니다. 그리고 이것이 이 학생들의 성적 향상으로까지 이어질 수 있었다는 것입니다.

여기서 한 걸음 더 나아가 최근의 연구에서는 글쓰기를 하면, 글쓰기에 직접 참여한 아이들뿐만 아니라 같은 학급에 속해 있던 다른 소수 인종의 아이들의 성적도 향상된다고 보고하였습니다[29]. 글쓰기의 긍정적 효과가 다른 사람에게도 전이되어 나타난 것이었습니다. 아마도 글쓰기에 참여하였던 아이들의 긍정적 태도 형성이 같은 학급의 다른 아이들에게도 전달되었기에 이러한 변화가 가능하였을 것입니다. 이는 상당히 놀랍고도 고무적인 연구 결과입니다. 긍정적인 변화도 그 확산이 가능하다는 것이고, '나' 하나가 바뀌는 것이 주변에 생각보다 큰 영향을 가져올 수 있음을 시사하기 때문입니다.

편견과 차별은 '나와 다른 사람'에 대한 거부감에서 비롯합니다. 심리학 연구 결과를 보면 이러한 거부는 거의 인간의 본능에 가까운 것으로도 보입니다. 그러나 마찬가지로 우리 인간은 어려운 사람을 돕는 착한 마음을 선천적으로 가지고 태어납니다. 이 점을 기억하고 사회적 편견이나 차별과 맞설 수 있었으면 좋겠습니다.

4강

소수자를 어떻게 도울 것인가?

청주교육대학교 사회과교육과 교수

인간은
왜
폭력을
행사하는가
?

박윤경

서울대학교 사범대학에서 석사·박사 학위를 받았으며, 현재 청주교육대학교 사회과교육과 교수로 재직 중이다. 하버드대학교 방문학자, 한국다문화교육학회 편집위원, 한국사회과교육학회 연구이사, 청주교대 다문화교육센터장을 역임했으며 공저로 『다문화교육의 이해와 실천』, 『한국의 민주시민 교육』 등이 있다.

소수자를
어떻게 도울 것인가?

오늘 제가 준비한 강의는 다문화교육과 인권에 관한 것입니다. 다문화교육을 중심으로 소수자와 관련한 이야기를 하도록 하겠습니다.

우리나라에 공식적으로 다문화교육이 도입된 것은 2007년입니다. 어느덧 10년이 넘은 셈이지요. 그동안 다문화에 대한 우리의 인식은 어떻게 달라졌을까요?

다문화교육의 변천: 익숙한 단어, 달라진 접근법

우선 '다문화'라는 말에 익숙해졌습니다.

제가 7~8년 전에 지역의 교장·교감 선생님을 모시고 다문화교육 연수를 한 적이 있습니다. 그때 연수에 참석하신 분들 중에는 한국의 차 문화와 관련된 내용인 줄 알고 오셨다는 분도 있었습니다. 실제로 당시 인터넷 포털에 '다문화'라고 검색어를 입력하면 다도茶道와 관련한 내용이 대부분이었습니다. 그만큼 다문화는 우리 사회의 주요 관심사가 아니었어요. 그런데 지금은 어떤가요? 인터넷 검색을 통해 다문화에 관한 다양한 내용을 찾을 수 있습니다. 예컨대 다양한 피부색을 가진 사람들이 함께 손을 잡은 사진이라던가, 다문화 관련 행사나 축제 등에 관한 기사들을 손쉽게 접할 수 있지요. 이제 다문화는 우리에게 친숙한 용어가 되어 있습니다.

두 번째로는 다문화에 대한 접근 방식이 달라졌습니다. 처음에는 다른 나라에서 온 사람들을 '우리'처럼 만들려고 했습니다. 학교에서 이루어지는 다문화교육도 주로 한글 교육, 한국 문화 교육이었습니다. 2007년 즈음부터 다문화가정 학생들의 학교생활을 연구하기 위해 초등학교를 자주 방문했는데, 한국에서 나고 자란 다문화가정 학생들에게 한글을 가르치고 무궁화 그림에 색칠하는 수업이 다문화교육이라는 이름으로 행해지는 것을 종종 목격하곤 했습니다. 이처럼 초기의 다문화교육은 대부분 이질적인 구성원을 동질적인 존재로 만들려고 하는 '동화' 교육이었습니다. 학교 밖도 예외는 아니었죠. 당시 다문화 관련 자료들을 찾으면 결혼 이주 여성들이 한복을 입고 한국 요리를 한다든지 붓글씨를 배우는 장면들이 많이 나옵니다. 이른바 전형적인 한국인 상을 설정하고 이를 새로 이주해온 사람들에게 투영하려고 했던 것이죠. 기존 한국인과 다르다고 여겨지는 사회 구성원들을 빨리 한국 사람과 같은 모습으로 만들고 싶은 거예요.

　그러다가 곧 다문화교육에 대한 관점이 바뀌기 시작합니다. 우리보다 먼저 다문화교육을 고민했던 여러 나라들의 사례를 참고하면서 동화주의적 접근이 갖는 문제점들을 이해하게 된 거예요. 새로운 구성원들이 자기 문화를 버리고 한국 사회로 동화되는 일방향적인 방식이 아니라, 서로의 문화를 존중하고 이해하는 쌍방향적인 방식으로 다문화교육이 전환되어야 한다는 것이죠. 우리 것만을 강조할 게 아니라 다양한 문화를 있는 그대로 인정하면서 공존하는 쪽으로 가는 거예요. 즉 다문화교육의 패러다임이 동화주의에서 문화 다양성을 인정하는 문화 다원주의로 바뀌고 있습니다.

　마지막으로 교육 대상이 확대되었습니다. 초반에는 다문화가정 학생만을 교육 대상으로 삼았습니다. 예산도 다문화가정 학생 수에 비례해서 학교별로 배정했습니다. 이렇게 다문화가정 학생들만을 따로 모아 교육을 하다 보니, 다문화가정 학생들은 '낙인찍기'라며 싫어하고, 다른 학생들은 '역차별'이라며 불만을 표했지요. 당시에는 다문화가정 학생이 뭔가 어려운 상황이니까 우리가 도와주어야 한다고 생각했습니다. 그러다가 시각이 바뀐 게, 그렇다면 같은 반에 있는 다른 학생은 다문화와 관련된 교육을 받지 않아도 괜찮은가 하는 고민을 하면서입니다. 전체 인구의 2퍼센트에 해당하는 다문화가정 구성원들만을 교육 대상으로 삼을 것이 아니라, 나머지 98퍼센트를 차지하는 사회 구성원들에 대한 교육이 병행되어야 다문화교육이 완성될 수 있다고 본 거예요. 다문화교육의 목적은 '공존'입니다. 그러려면 다문화에 대한 편견이 해소되어야 하는데, 그게 다문화가정 학생들만 가르친다고 될 일이 아닌 거죠. "여러분 자신을 긍정하고 자신 있게 살아가세요" 이렇게 가르쳤는데 학교에서 따돌림을 당하고 교문 바깥으로 나서는 순간 손가락질 받는다면 무슨 소용이 있겠습니까. 다문화 사회에서의 공존을 위해서는 사회 구성원 모두의 인식이 바뀌어야 합니다. 그래서 지금은 모든 학생들이 함께 다문화교육을 받습니다.

이처럼 비록 짧은 시간이지만 지난 10년 동안 참 많은 변화가 이루어졌습니다.

그런데 여전히 다문화교육을 이해하는 데 어려움이 많습니다. 교육부나 교육청에서 사용하는 용어도 익숙할 만하면 바뀝니다. 다문화교육과 유사한 개념들도 많아서, 예전에는 '국제 이해 교육'과 혼동했고, 최근에는 '상호 문화 이해 교육'이란 말도 있지요. 다문화교육을 둘러싼 논쟁도 많고 다양한 이론들이 있기 때문에 이 모두를 한 번에 파악하기는 어려울 수 있습니다. 다문화교육의 핵심을 이해하는 것이 무엇보다 중요할 것 같습니다. 다문화교육은 '다양성'과 '형평성'이라는 두 개의 바퀴로 굴러갑니다. 다음에서는 이 부분에 대해 좀 더 자세히 말씀드리겠습니다.

다문화교육의 출발: 문화 다양성의 인정

우리가 다문화교육을 한다고 했을 때는 몇 가지 기본 전제가 있습니다.

첫째로, 다문화교육은 한 사회가 문화적으로 단일하지 않다는 것을 전제로 합니다. 그렇다면 여기서 말하는 '문화'란 무엇일까요? 문화는 한 집단의 구성원들이 공유하는 특성입니다. 좀 더 구체적으로 말하자면 '집단의 생활양식'이라고 할 수 있어요. 여기서 생활양식은 무엇을 먹고, 어떤 옷을 입고, 어떤 곳에서 자느냐 하는 의식주만을 의미하지 않습니다. 한 집단의 역사적 경험도 포함해요. 우리 사회 구성원이 모두 똑같이 '한국인'이라는 이름표를 달고 있는 것처럼 보이지만, 한 꺼풀 들춰보면 거기에는 서로 다른 사고방식과 가치관, 생활양식을 공유하는 작은 집단들이 존재합니다. 한국 문화 안에 다양한 하위문화들이 있는 거지요.

그런데 우리는 보통 '다문화'라고 하면 인종적 차이부터 떠올립니다. 여기서 잠깐 짚고 넘어갈 것은, 역사적으로 볼 때 '인종'은 과학적 근거가 희박한 개념이라는 것입니다. 인간을 몇 개의 피부색으로 나눈다는 발상 자체가 비과학적이에요. 인류를 백인종, 황인종, 흑인종의 세 부류로 구분한 사람은 유럽의 고비노라는 신학자로 알려져 있습니다. 그는 『인종 불평등론』1853년이라는 책에서 백인이 신과 좀 더 가까운 존재라고 주장하면서, 백인의 우월성을 강조합니다. 그는 왜 이런 주장을 했던 걸까요? 고비노는 신분 상승

욕구가 상당히 강한 사람이었는데 사회적 영향력을 갖기 위해 인종주의를 주장했다고 합니다. 당연히 과학적 근거는 없었습니다. 그럼에도 종교의 외피를 쓴 인종주의는 유럽 사회에 널리 퍼져 나가면서 하나의 이데올로기로 막강한 힘을 발휘합니다. 그러다 전쟁과 대학살을 겪으면서 인종주의는 유럽에서 금기어가 됩니다. 지금은 '인종'이라는 용어 대신 '종족'이라는 개념을 써요. 인간이 자연 환경적 배경이나 역사적 경험에 따라 서로 다른 정체성을 형성한다고 보기 때문입니다.

'문화'라는 개념에 비추어 볼 때, 우리 사회는 이미 다문화 사회라고 말씀드릴 수 있어요. 예전보다 언어나 국적, 종족적 배경이 다른 사람들이 더 많이 살고 있습니다. 그런데 과거에도 우리 사회는 결코 단일한 문화로 이루어져 있지 않았습니다. 성별도 다르고 종교도 다양합니다. 지역, 계층, 연령, 장애, 성 등이 우리 사회의 다양성을 구성하고 있습니다. 따라서 다문화교육은 이런 다양한 요소들을 모두 포함해서 이루어져야 해요.

우리 사회에는 이처럼 많은 '차이'들이 존재합니다. 잠깐 주위를 한번 둘러보세요. 제가 여러분에게 5분 동안 아무하고나 이야기를 나눠보라고 하면 누구와 하시겠습니까? 당연히 친밀감이 느껴지는 사람이겠지요? 나이가 비슷하거나, 편안한 느낌이 드는 사람을 택할 겁니다. 어떤 사람은 이성보다 동성이 더 편할 거고요. 어떤 사람은 반대일 수도 있습니다. 지역적으로 가까워도 더 쉽게 친해질 수 있을 겁니다. 취미나 직업이 같다면 할 이야기도 많겠지요. 공유할 게 많으니까요. 예컨대 내가 학교 선생님이라면, 아마도 다른 선생님과 이야기하는 게 편할 거예요. 선생님은 뭔가 다르잖아요. 아이들을 대할 때면 바로 티가 나지요? 벌써 말투가 다릅니다. 또박또박 끊어서 말하면서 상대방이 이해했는지를 꼭 확인한다거나, 하는 식입니다. 뭔가 대화하는 방식이 다른 거죠. 그래서 선생님끼리는 서로 금세 알아본다고 해요. 이처럼 사람은 타인을 대할 때 본능적으로 유사성을 찾습니다. 같은 선생님끼리 모여도 젊은 분들은 젊은 분끼리 모이고 나이가 있는 분들은 또 그렇게 모여요. 말이 통하는 사람을 찾는 거예요. 직업, 성별, 나이, 지역, 취미, 경력 등에서 차이를 인식하고 유사성이 가장 많은 사람을 고릅니다. 그렇다면 우리가 인식하는 차이 중에 가장 큰 것, '이건 정말 건널 수 없는 강이야'라고 느낄 만한 것에는 무엇이 있을까요?

정치적 신념은 어떻습니까? 우리나라 정치는 보수와 진보의 대립이 심합니다. 지난겨울 우리 사회를 뒤흔든 국정농단 사태 때 또 한 번 경험했지요. 광장에 촛불을 들고 모인 사람과 태극기를 들고 모인 사람들이 서로 다른 목소리를 냈습니다. 집회가 끝나고 지하철을 타면 누가 촛불인지 태극기인지 알 수 없습니다. 그래서일까요? 혹시라도 다툼이 생길까 봐 서로 눈도 안 마주쳐요. 명절 때 오랜만에 만난 친척들과 정치 이야기를 하지 말라는 것은 거의 불문율처럼 여겨집니다.

출신 지역은 또 어떻습니까? 저는 전남 출신인데, 대학교 2학년 때 친구와 함께 하숙집을 구하러 다닌 적이 있습니다. 그때 어떤 하숙집 주인이 고향을 묻더니 전라도 출신은 받지 않는다고 해요. 제 친구도 전라도 광주 출신이었거든요. 그때 하숙집에서는 남학생보다 여학생을 선호했어요. 그런데도 전라도 출신이라는 이유로 거절당한 겁니다. 말이 안 된다고 생각했지만, 그때는 그랬습니다. 이런 경험을 하다 보면 처음 만나는 사람들 앞에서는 가급적 고향 얘기를 꺼내지 않게 됩니다. 해봐야 이로울 게 없으니까요. 다문화 교육을 공부하면서 그게 바로 '소수자성'이라는 사실을 알게 되었습니다.

성별도 그렇지요. 여성 상위 시대라고는 말하지만 현실에는 수많은 장벽이 존재하지요. 최근 '여혐'이라는 현상을 통해서도 우리 사회에서 여성이 사회적 소수자라는 사실을 알 수 있습니다.

연령도 마찬가지입니다. '연령 차별주의'라는 말이 있을 정도로 청년 세대와 장년 세대, 또 노년 세대 간의 단절이 큰 사회적 화두로 대두하고 있지요. 문화적으로 가장 소통하기 어려운 집단은 연령 집단이라는 연구 결과도 있습니다.

이처럼 다양성의 개념을 넓게 해석한다면 다문화적이지 않은 사회는 없습니다. 그런데 우리는 오랫동안 '단일 민족'이라는 신화에 사로잡혀 우리 사회를 다양성의 눈으로 바라볼 생각을 하지 못했습니다. 그런데 2007년에 대한민국에 장기 체류하는 외국인 수가 100만이 넘어서면서 한국 사회가 다문화 사회가 되었다는 인식을 하게 된 거죠. 그렇게 논의가 시작되었기 때문에 다문화 하면 바로 인종적 다양성만을 떠올리게 됩니다. 하지만 다문화는 훨씬 더 넓은 다양성을 포괄하는 개념입니다. 인종이나 종족 문제는 우리 사회가 가진 다양성에 새로운 요소로 추가된 것이라고 할 수 있지요. 그래서 '다문화'를 말할 때 단지 인종 문제로만 접근하지 않습니다. 좀 더 포괄적인 시각, 아까 말씀드린 우리 사회에 이미 존재하는 다양한 차별을 해소하는 것까지 포함해서 접근합니다.

보이지 않는 것을 보는 눈

다문화교육의 첫 번째 전제가 문화 다양성의 인정이었다면, 두 번째는 사회 정의적 관점을 지향하는 것입니다.

우리가 서로 다른 사람들이 모여서 산다고 인정한다면, 그다음으로 할 일은 서로 존중하는 거예요. 다문화교육은 그런 전제하에서 이루어집니다. 당신이 다른 나라에서 이주해왔다고 해서, 나보다 열등한 것은 아니다 라는 생각이 밑바탕에 깔려 있습니다. 집단 간 차이는 있을 수 있지만 거기에 우열은 없다는 게 다문화교육의 기본 입장이에요.

다문화교육에서 "남자가 더 좋아, 여자가 더 좋아?" 이런 질문은 가능하지만, "남자가 더 나은 거야, 여자가 더 나은 거야?" 이런 질문은 허용되지 않습니다. 두 번째 질문은 우열을 전제로 하기 때문입니다. 물론 현실에서는 이런 사고가 존재합니다. 인터넷 게시판에 가보면 금세 알 수 있어요. 겉으로는 남녀 차별이 없어 보이지만, 조금만 들어가 보면 여전히 남성 중심적 사고가 있습니다.

민주주의 사회에서 모든 사람은 평등하다고 합니다. 그런데 왜 우리 사회의 정치나 경제 영역에서 고위층에 해당하는 사람들은 주로 남자일까요? 이런 현상이 암시하는 바는 명확합니다. 여전히 남자들이 주도권을 가지고 있다는 거예요. 직업에 귀천이 없다거나 가난은 죄가 아니라고도 하지요. 말은 맞지만 현실은 다릅니다. 부유한 계층이 사회적 의사결정에 더 큰 영향력을 발휘해요. 그게 현실입니다. 다문화교육에서 이런 현실을 무시하자는 게 아니에요. 가르치되 이를 개선하기 위해서 노력해야 한다고 가르쳐야 한다는 거예요.

다문화교육은 "우리 사회에는 다양한 문화가 있습니다"에서 끝나지 않아요. 여기에 "서로 존중해야 합니다"까지 가야 합니다. 베트남 쌀국수 먹어볼래? 베트남 사람들은 이런 모자를 쓰네, 이런 식으로 접근하면 재미는 있을 수 있지만, 알맹이가 빠진 수업이 됩니다. 그런 차이를 알고 서로 존중하는 마음을 심어줘야 해요. 그러려면 우선 우리 사회에서 작동하는 힘의 우열 관계를 알아야 합니다.

우리 사회의 어떤 사람들은 다른 문화 집단의 구성원이라는 이유로 사회적으로 배제되거나 기회를 박탈당합니다. 자신의 신념이나 가치를 폄하당하기도 하고요. 이런 현실을 알고 바꾸기 위해 노력해야 한다는 거예요. 자기가 속한 사회에서 힘의 우열 관계를 보는 일은 쉽지 않습니다. 주류 집단에 속해 있는 사람들은 그걸 잘 느끼지 못해요. 남성은 여성들의, 비장애인은 장애인의 어려움을 이해하기 어렵습니다. 뉴스에 '갑질'하는 기사가 나오면, 가끔 이해가 안되는 경우가 있습니다. '왜 저렇게까지 하지?' 싶을 때가 많죠. 힘을 가진 사람은 자기가 약자를 괴롭힌다고 생각하지 못합니다.

사회적 불평등, 힘의 차이에서 비롯하는 부당한 차별에 대한 민감성을 길러야 합니다. 소수 집단들이 서 있는 '기울어진 운동장'을 바로잡기 위한 노력이 다문화교육에 포함되어야 해요. 이것이 빠지면 다문화교육의 본질에 접근하지 못합니다.

균등하지 않은 힘의 관계를 바꾸려고 하면 저항이 발생합니다. 누군가는 기득권을 버려야 하니까요. 여기에 대응하는 논리가 필요합니다. 사회 구조에 대한 비판적 접근이 이루어질 수밖에 없어요. 그래서 다문화교육은 다양성의 인정과 사회 정의 실현이라는 두 개의 축으로 이루어졌다고 말씀드릴 수 있습니다.

그러면, 이어서 이 두 개의 핵심을 유지하면서 어떻게 다문화교육을 할 수 있을지, 그 방법에 대해 이야기를 나눠보겠습니다.

학교와 다문화교육

학교에서 다문화교육이 시행되고 있지만 현장에 있는 선생님들은 고민이 많습니다. 이론은 이론이고 현실은 현실이니까요. 관련 자료도 많지 않고 아이들마다 상황도 다릅니다. 그러나 교육 프로그램이나 활동이 다양성을 인정하고 존중하는 방향에서 이루어지

사회적 불평등, 힘의 차이에서 비롯하는 부당한 차별에 대한 민감성을 길러야 합니다. 소수 집단들이 서 있는 '기울어진 운동장'을 바로잡기 위한 노력이 다문화교육에 포함되어야 해요.

고 있다면 일단은 성공입니다. 다른 한편으로 모든 아이들이 자기 존재를 긍정하고 재능을 발휘할 수 있게 해야 하죠. 그런 분위기를 이끄는 게 바로 다문화교육입니다.

그런데 다문화교육에 대해 흔히 하는 오해들이 있습니다. 제가 있는 교육대학교에서는 학생들이 지역의 다문화가정 아이들을 위해 멘토링 활동을 합니다. 학생들이 제출한 멘토링 활동 계획서를 보면 대충 이런 내용이 많아요. 저는 어려서 태권도를 배웠고, 장구를 칠 줄 압니다. 그래서 다문화가정 아이에게 가르쳐주려고 해요. 그런데 정작 학교에 나가 보면 수학이나 국어 공부를 도와달라고 합니다. 이런 걸 가르쳐주는 게 다문화교육이 맞나요? 하고 반문하는 대학생들이 있어요. 그게 자신이 생각했던 다문화교육이 아닌 거예요. 여러분은 어떻게 생각하세요?

학습 활동은 아이들에게 굉장히 중요합니다. 여기서 뒤처지면 자신감을 잃고 상급 학교로 진학하는 데도 어려움을 겪게 됩니다. 다문화가정 학생들이 학습에 부족한 부분이 있으면 채워주는 것은 당연할 뿐 아니라 다문화교육에서 중요한 과제입니다. 아이들의 학습 능력을 키워주는 것은 교육의 가장 기본적인 목표 중의 하나입니다. 다만, 입시 과열로 모든 교육이 인지 학습 위주로 되다 보니 거기에 대한 비판이 있는 거예요. 선행 학습하고 밤늦게까지 과외에 매달리는 건 아이들 건강은 물론 학습 능력 향상에도 도움이 안 되니 자제하자는 겁니다. 다문화가정 학생들도 상급 학교에 진학하여 좋은 직장을 얻고, 그러면서 사회적 지위를 높일 권리가 있습니다.

실제로 연구자들이 고민하는 다문화교육 중 상당 부분은 학습과 관련되어 있습니다. 소수 집단 학생들의 학업 성취도를 어떻게 높일지 그 방법을 연구하고 학교 현장에 적용해요. 다른 나라 음식을 먹고 옷을 입어 보는 식의 단순한 체험 활동은 상대를 이해하려는 초보적인 노력에 해당합니다. 학교라는 특성상 학습이란 가장 중요한 부분을 간과해서는 안 돼요.

제가 개인적으로 안타깝게 생각하는 건 그 중요성을 알면서도 어떻게 해야 할지 구체적인 방법을 잘 모른다는 겁니다. 우리의 다문화교육은 시간이 흐르면서 개론은 계속 발전하고 있지만, 각론으로 들어가면 내용이 아직 부실해요.

지난 10년간 다문화교육에 관심을 갖고 투자했지만 여전히 제자리걸음을 하는 느낌이랄까, 정부에서 예산도 늘리고 학교 현장에서는 선생님들도 나름대로 많은 노력을 기울이고 있습니다. 이론적인 논의는 예전보다 훨씬 풍부해졌어요. 그래도 학교 현장은 뭔가 아직도 틀이 안 잡힌 느낌입니다.

물론 교육 방향에 대한 논의는 중요합니다. 그러나 다문화교육이 학교 현장에서 제대로 실행되기 위해서는 구체적인 방법에 대한 고민이 필요합니다. 현장에서는 앞서 말씀드린 다문화교육의 핵심을 잘 잡고 있어야 합니다.

다문화교육의 승패 여부는 결국 아이들과 교사의 관계에 있다고 생각합니다. 그런 의미에서 우리가 다문화가정 아이들을 가르칠 때 어떻게 해야 하는지, 몇 가지 말씀을 드리겠습니다.

긍정과 기대의 시선으로

우선, 다문화가정 학생들을 긍정적인 눈으로 바라보아야 한다는 것입니다. 우리는 보통 다문화가정 학생에 대한 선입견이 있어요. 한국말이 서투르겠지? 부모가 교육에 별로 관심이 없겠지? 공부도 잘 못할 거야. 이런 생각을 해요. 그러나 그건 어디까지나 편견입니다.

제가 2010년에 다문화교육 정책 수립을 위한 연구를 수행하면서 전국에 있는 초·중·고등학교 선생님을 대상으로 조사한 내용 중 일부를 소개해 드릴게요.

- 다문화가정 학생들은 한국어로 의사소통을 잘할 수 있을까요?
- 다문화가정 학생들은 높은 성적을 받을 수 있을까요?
- 다문화가정 학생들은 사회에 진출해서 성공할 수 있을까요?

결과는 어땠을까요? 위의 질문에 긍정적인 답변보다는 부정적인 응답이 더 많았습니다. 특히 다문화가정 학생을 가르친 경험이 없는 선생님일수록 그랬어요. 그런데 같은 질문에 대해 다문화가정 학생들은 선생님들보다 더 긍정적으로 답했습니다. 이건 무슨 말입니까? 정작 아이들은 그렇지 않은데, 가르치는 선생님은 아이들을 부정적인 시각으로 보고 있다는 거예요.

선생님들이 특별히 왜곡된 인식이 있어서 그런 건 아닙니다. 일반적으로 다문화가정 아이들에 대해 그렇게 생각해요. 각종 매체를 통해 다문화가정에 대한 왜곡된 이미지가 재현되고 있기 때문입니다. 한국말에 서투르고 선생님께 차별받고 친구들에게 따돌림 당하는 아이, 이게 언론에 나오는 다문화가정 아이의 전형이에요. 그런데 앞서 말씀드린 설문 조사에서 85퍼센트 이상의 다문화가정 학생들이 자신의 한국어 능력에 문제가 없다고 응답했습니다. 또한 어려움이 있더라도 앞으로 잘할 수 있을 거라고 생각합니다.

문제는 이러한 어른들의 부정적 시선은 아이들에게 크게 영향을 미친다는 거예요. 선생님이나 주변 어른이 자신을 부정적으로 본다는 걸 알아채면서 스스로 위축되고 이는 실제 학습 능력을 떨어뜨릴 수 있어요. 이와 관련한 유명한 실험이 있습니다.

미국의 심리학자인 로젠탈은 친구가 교장으로 있는 학교 아이들을 대상으로 지능 검사를 합니다. 그런 다음 무작위로 20퍼센트의 학생을 선발합니다. 이 중에는 실제로 머리가 좋은 학생도 있고 그렇지 않은 학생도 있고요. 그런 다음 지도 선생님을 한 분 뽑아서 이분에게 당신 반 아이들은 지능 검사 결과 지능이 매우 뛰어난 학생들이라고 말해줍니다. 일부러 잘못된 정보를 준 거예요. 당연히 이 선생님은 매우 특별한 아이들을 가르친다고 생각하겠지요. 8개월이 지난 다음 그 친구들을 대상으로 다시 지능 검사를 실시해요. 결과는? 당연히 지능은 변화가 없었습니다. 그 짧은 기간에 갑자기 아이들 머리가 좋아질 리는 없잖아요. 대신 '학업 성취도'가 눈에 띄게 높아집니다. 즉, 공부를 잘하게 되었다는 거예요. 이유가 뭘까요? 이 실험을 했던 로젠탈은 그 이유로 선생님의 긍정적인 기대를 꼽습니다. 일명 '로젠탈 효과'입니다. 선생님이 이 아이들이 잘할 거라고 믿으니 실제로 아이들이 공부를 잘하게 되었다는 거예요. 도대체 그 선생님의 학급에서는 무슨 일이 일어난 걸까요?

선생님의 기대가 아이들의 의욕을 북돋았으리라고 추정할 수 있습니다. 아이들은 자신들을 바라보는 선생님의 시선에 섞인 기대감을 알아챘을 겁니다. 직접 말은 안 해도 표정, 눈빛, 몸짓 이런 것들을 통해서 긍정적인 메시지가 전달되었을 테니까요. 실패를 해도 기회를 줬을 것이고, 엉뚱한 이야기를 해도 '참, 창의적이군.' 하고 긍정적으로 대했을 겁니다. 이런 모든 요인들이 아이들의 학업 성취도를 높이는 데 작용했을 거예요.

이 실험을 앞서 설문 결과에 적용해보면 어떨까요? 선생님들이 다문화가정 학생들에 대한 부정적인 선입견을 가지고 있다면 실제로 학생들의 학업 성취에 영향을 미칠 수 있다는 결론이 도출됩니다. 이런 점에 비춰 본다면, 우리가 다문화가정 학생들을 가르칠 때는 반드시 선입견을 배제하고 그 아이들이 가진 가능성에 주목해야합니다. 그러면 아이를 보는 눈이 달라질 거예요. 그 시선 속에서 자란 아이들은 더 큰 성취를 하게 될 거고요.

우리는 무의식적으로 사회적 편견을 가지고 살아갑니다. 한 부모 가정이나 조손 가정 아이들을 보면 뭔가 문제가 있을 거라고 지레 생각합니다. 그러다가 열에 하나 정말 안 좋은 행동을 하면 '역시 내 생각이 맞았어!' 하고 확신합니다. 사회적 편견이 개인적 확신으로 바뀌는 순간이에요. 그 틀로 세상을 바라보면 나도 모르게 상처를 줄 수 있어요. 나는 아무 뜻 없이 한 말인데, 상대방은 그렇게 느낄 수 있잖아요. 그럴 때 그 의도가 아무리 순수하다고 하더라도 나의 의도는 변명이 될 수 없습니다.

다문화가정 아이들이 그렇습니다. 내가 동정의 대상이라고 느낄 때, 사람들이 나를 가난하고 공부도 못 하는 아이라고 단정하듯이 바라볼 때, 아이는 위축됩니다. 말이 줄고 자신을 드러내는 일에 주저하게 되지요. 어쩌다 용기를 내도 그 뜻이 올바르게 전달되지 않습니다. 실패의 경험이 쌓이면 포기하게 되지요. 이런 것들이 쌓이면서 학교생활에 어려움이 생기고 학업 성적도 낮아질 수 있어요. 이는 다시 사람들의 선입견을 공고하게 하는 역할을 합니다. '거봐, 내가 뭐라고 했어.' 이렇게 말이죠. 그런 의미에서 보자면, 무관심이 이들에게는 더 나은지도 모릅니다.

"선생님 그때 저에게 왜 그렇게 말씀하셨나요?" 오래전 제자가 찾아와 이렇게 묻는데 기억이 나지 않아 당황스러웠던 적이 있습니다. 이야기하다 보니 꽤 오래전 일이에요. 제가 기억 못 하는 것도 당연합니다. 그렇다면 그 제자는 왜 그 말을 기억하고 있었을까요? 그 말이 자신에게는 의미 있는 말이었기 때문이겠죠. 아마도 제가 가르치는 일을 하는 동안 그런 제자가 많았을 겁니다. 긍정적인 기억이 남으면 다행이지만 행여 부정적인 일로 기억되었다면 어쩌나 걱정이 되더군요. 우리가 인간인 이상 모든 행동을 의식적으로 할 수는 없습니다. 감정을 가진 인간이고 사회적 편견에서 자유로운 사람은 아무도 없어요. 그렇다면 어떻게 해야 할까요?

최대한 종합적으로 보려는 노력을 기울여야 한다고 생각합니다. 좋은 면이 있으면 나쁜 면이 있듯이 뭔가 부족한 사람도 알고 보면 장점이 있습니다. 다문화가정 아이들도 마찬가지예요. 특별히 지원이 필요한 부분도 있지만 다른 아이들과 똑같이 대해야 할 부분도 있습니다. 미숙한 부분도 있지만 능숙한 부분도 있어요. 선입견 없이 이런 것들을 종합적으로 판단해서 부족한 부분은 채워주고 잘하는 부분은 칭찬하는 그런 교육이 필요합니다.

그리고 사람은 늘 변한다는 생각, 특히 아이들이야말로 무궁무진한 가능성을 가진다는 점을 항상 염두에 두어야 해요. 우리는 가끔 아이들을 어른 대하듯 해요. 마치 한 번 못하면 영원히 잘할 수 없을 것처럼 말이지요. 그렇지 않습니다. 오늘 못하는 아이들도 내년에는 잘할 수 있고 그다음에는 또 얼마나 발전할 수 있을지 모릅니다. 다문화가정 학생들도 예외는 아닙니다. 그래서 이런 가능성에 대한 기대를 놓치지 말아야 한다고 생각해요. 그래서 지금까지, 긍정과 기대의 눈으로 보자는 말씀을 드렸습니다.

올바름과 선입견

"스승은 삶의 지표가 되어야 한다" 우리가 늘 듣는 말입니다. 학교 현장에서 아이들을 가르치는 선생님들 입장에서는 여간 부담스러운 말이 아니죠. 그래도 많은 선생님들이 아이들 앞에서 말 한마디도 조심하면서 좋은 '본보기'가 되기 위해 노력합니다. 교사로서의 당연한 자세이지만 '본보기'로서의 자세도 과하면 문제가 될 수 있습니다.

실제로 선생님들 중에는 '올바름'에 대한 강박을 가진 분들이 꽤 있습니다. 바람직한 교실이나 학생의 모습에 대한 어떤 이상적인 상이 있어서, 여기에 어긋나면 그건 잘못된 거라고 단정 짓습니다. 프로크루스테스의 침대처럼 자신이 그리던 이상적인 모습에 딱 맞게 학생을 끼워 맞추려고 합니다. 그게 안 되면 계속 학생과 부딪혀요. 물론 모든 선생님들이 다 그렇다는 얘기가 아닙니다. 간혹 자신의 사고방식이나 가치관을 학생들이 따라야 할 '표준'이라고 생각하는 분들이 있다는 겁니다. 문제는 이런 사고가 공고하면, 다문화교육의 원칙인 다양성의 인정, 여기서 비롯하는 상호존중의 원칙과 충돌할 수밖에 없다는 겁니다.

"외동아이는 사회성이 부족해", 가령 어떤 선생님께서 수업 시간에 이렇게 말씀했다고 칩시다. 이런 얘기를 계속 듣다 보면 학생들은 어떤 생각을 하게 될까요? 모두가 철석같이 믿지는 않겠지만 보통은 '정말 그런가?' 하고 생각할 수 있겠지요. 그런데 외동아이들의 사회성이 더 높다는 연구가 있습니다. 생각해보면 그럴 만도 합니다. 외동아이들은 집에 또래가 없잖아요. 밖에서 찾아야 합니다. 별도의 노력을 기울여야 하는 거예요. 그 과정에서 그럴 필요가 없는 아이들보다 더 사회성이 발달했을 것으로 추정할 수 있습니다.

자, 연구 결과는 그렇지만 어쨌든 이 선생님은 외동이 사회성이 낮다고 믿고 계세요. 문제는 그 이야기를 듣는 학생들 중에 외동아이들이 있다는 점이에요. 자신의 의도와는 상관없이 많은 아이들에게 상처를 줄 수 있습니다.

어느 중학교 수업 시간에 있었던 일입니다. 선생님께서 나중에 커서 결혼할 생각이 없는 사람은 손을 들어보라고 했습니다. 어떤 학생이 손을 들자, "부모님이 사이가 안 좋으시니?"라고 선생님이 묻습니다. 그나마 손을 든 친구가 대범했던 모양인지, "아니요, 우리 부모님 사이 좋으세요"라고 답합니다. 그런데 선생님은 학생의 말을 무시한 채 "보통 부모님 사이가 안 좋으면 아이들이 결혼을 안하고 싶어 해"라고 결론지어 말씀하셨어요. 선생님 본인은 그게 맞다고 생각할 수도 있어요. 자신의 경험상 결혼을 해서 아이를 낳아 기르니 행복하다, 그러니 너희들도 나처럼 결혼해서 행복하게 살면 좋겠다, 이렇게 생각할 수 있어요. 하지만 그건 어디까지나 선생님의 생각이지요. 다른 사람은 결혼에 대해 다르게 생각할 수 있습니다. 아까 손을 든 학생처럼 부모 사이가 좋아도 자기 나름대로 결혼에 대해 비판적으로 생각할 수 있지요. 그 선생님의 태도에는 자신과 다른 방식으로 사는 사람들이 있고 그들도 행복할 수 있다는 생각이 빠져 있어요. 왜냐? 자신이 바로 올바른 삶의 표준이라고 생각하기 때문이죠. 다문화교육에서 이런 태도는 매우 위험합니다.

다른 예를 하나 더 들어보지요. 선생님께서 수업 시간마다 여자들은 논리적이지 않아서 과학이나 수학에 약하다는 얘기를 해요.

그런데 이 교실에는 수학이나 과학을 꽤 잘하는 여학생들이 많아요. 그런데도 이런 말에 반복적으로 노출되면 자존감에 상처를 입을 수 있겠지요. 이번에는 선생님께서 "플라스틱은 여성적이고 금속은 남성적이다"라고 말씀하십니다. 물질의 속성을 설명하면서 부드러운 플라스틱은 여성에, 단단하고 차가운 금속은 남성에 비유한 거지요. 그런데 이런 이야기를 들으면 무뚝뚝한 성격의 여학생은 '그럼 나는 여자답지 못한 건가?' 하고 생각하지 않을까요? 은연중에 여성에 대한 고정관념을 심어주는 거예요. 안타깝게도 이런 일들이 일상에서 흔히 일어납니다.

이를테면 이성적으로 끌리는 사람이 있을 때 보통 매력적이라는 표현을 씁니다. 좋은 의미지요. 그런데 유독 여성의 매력에 대해서는 부정적인 표현이 많아요. '팜므파탈'이니 하면서 여자의 매력은 남자를 망칠 수 있는 위험한 것으로 묘사합니다. 감정 표현도 남녀에 대해 다른 식으로 묘사합니다. 같은 상황에서 똑같은 얘기를 해도, 남자는 '화를 낸다, 호통을 친다'라고 표현하는 데 반해, 여자는 '짜증 낸다, 신경질 낸다'고 합니다. 하나 더 말씀드릴게요. 내가 여자라면, 수학 공부를 열심히 해서 경시대회에 나가 상을 받으면 '수학을 잘하는 여학생'이 됩니다. 그런데 남학생은 그냥 '수학 잘하는 학생'이에요. 이런 호명에는 '여자인데도 수학을 잘하네?' 하는 무언의 메시지가 깔려 있어요. 이렇게 되면 뭘 해도 '여학생'이라는 프레임 안에 갇힙니다. 별것 아닌 것처럼 쓰는 말, 사소한 말 하나하나에도 사회적 편견이 반영되어 있습니다.

감정 표현도 남녀에 대해 다른 식으로 묘사합니다. 같은 상황에서 똑같은 얘기를 해도, 남자는 '화를 낸다, 호통을 친다'라고 표현하는데 반해, 여자는 '짜증 낸다, 신경질 낸다'고 합니다.

공존으로 가는 길

교실에서는 누가 뭐래도 선생님이 권력자입니다. 학생들은 그에 비해 상대적 약자입니다. 그런 상황에서 선생님의 한마디는 엄청난 영향력을 발휘합니다. 때로 아이들에게 큰 상처를 줄 수 있어요.

선생님이 일부러 그랬을까요? 아마도 그럴 의도는 없었을 거예요. 다만, 평소 본인의 생각이 잘못되었을 수도 있다는 의심을 하지 않았을 뿐이에요. 완벽한 사람은 아무도 없습니다. 선생님 생각도 예전이라면 옳을 수 있어요. 가치관은 시대에 따라 변하니까요. 자라나는 학생들의 생각은 미래를 향해 있는데 과거의 기준으로 재단하는 일은 바람직하지 않습니다. 학생들도 알아요. 선생님과 말이 안 통한다고 생각하죠. 그런 상황에서 선생님이 생각하는 것처럼 학생들의 '본보기'가 되기란 어려운 일일 겁니다. 수업 내용이 어떻든 교사와 학생의 관계가 일방적이면 의미가 없습니다. 학생들이 조용히 듣고 있다고 해서 선생님의 말이 받아들여진다고 착각해서는 안 됩니다.

제가 이런 말씀을 드리는 이유는 우리들이 학생들의 생각을 너무 모르고 있기 때문입니다. 제가 작년부터 학생처장을 맡으면서 대학생들의 이야기를 들을 수 있는 기회가 자주 있는데, 교수들끼리 모여서 이야기할 때와는 그 내용이 많이 다릅니다. 그중에는 아직도 이런 일이 있나 싶을 정도로 실망스러운 부분도 많습니다.

예를 들면, 장애 학생들이 있습니다. 대학은 이 학생들의 학습을 지원해야 할 의무가 있기 때문에 교수님들께 강의 시작 전에 개별적인 지원이 필요한 학생들이 있는지 파악하도록 안내합니다. 그런데 어떤 교수님께서 강의 시작 전에 "여기 장애인 학생 있나?"라고 물어요. 어느 학생이 손을 들자, 그분이 "멀쩡해 보이는데?"라고 해요. 어떤 의도가 담긴 말은 아니었지만 분명히 그 말은 들은 학생은 당혹스러웠을 거예요. 마치 자기가 거짓말이라도 한 것 같잖아요. 그리고 그 말은 '심한 것 같지 않으니 웬만하면 그냥 참고 수업 들어라' 하는 메시지로 들릴 여지가 있습니다. 한 가지 더 말씀 드릴게요.

교육대학교에는 여학생이 많습니다. 그런데 수업 시간에 어떤 교수님이 이렇게 말해요. "요즘 신붓감 1위가 초등학교 교사다." 그러면서 앞으로 결혼을 잘할 거라는 말씀을 보탭니다. 나쁜 의도는 없어 보입니다. 다만 듣는 사람은 어떤 기분일지까지는 미처 생각을 못 한 거 같아요. 여러분, 그 수업을 듣는 학생들이 어떤 과정을 거쳐 그 자리에 앉아 있게 되었을까요? 말 그대로 치열한 경쟁을 뚫고 온 친구들입니다. 그런데, '일등 신붓감'이라니요. 그 말을 듣는 순간 그동안 꿈꾸었던 교사라는 정체성은 사라지고 그 자리에 '신붓감'이 들어섭니다. '누군가의 아내'가 곧 나의 성공이자 정체성이 되어버려요. 말한 사람은 '덕담'이었겠지만, 듣는 사람은 모멸감을 느낄 수 있습니다. 실제로 많은 여학생들이 이런 말을 성차별적이라고 생각합니다. 그래서 우리가 다문화교육을 할 때도 상대방 입장에서 생각해보는 것이 중요하다는 말씀을 드립니다. 사실 그것이 문화 다양성 개념의 핵심이기도 합니다.

　문화적 다양성은 소수자에 대한 존중을 전제로 합니다. 내가 다수자라고 해서 소수자의 의견을 무시해서는 안 되고, 그들이 추구하는 가치를 폄하해서도 안 돼요. 그런데 주류와 비주류 혹은 소수는 상대적인 개념입니다. 내가 어떤 상황에서는 주류 집단이었다가 다른 상황에서는 비주류 집단일 수 있어요. 예컨대 저는 대학을 졸업해서 교수로 일하고 있으니 누가 봐도 소수자는 아니지요. 그런데 학문 공동체에 가면 여성으로서 소수자가 됩니다.

　학교는 어떨까요? 다양한 소수자가 있습니다. 어떤 교실에는 성소수자가 있을 거예요. 초등학교 때부터 자기가 성소수자라는 사실을 깨닫고 사춘기를 겪으면서 정체성의 혼란을 느끼며 고민하는 친구가 있을 수 있습니다. 장애 학생도 있겠지요. 또한 저소득 계층, 한 부모 가정에서 자라는 아이도 있습니다. 그런 친구들 중에는 아픈 상처를 갖고 있는 경우도 있지요. 한 교실에서 같이 지내다 보면 그들이 받는 상처를 이해하고, 어떻게 하면 도울 수 있을지 고민하겠지요. 학교가 아이들의 문제를 모두 해결해줄 수는 없습니다. 그러나 현실의 벽 앞에서 포기하지 않고 자신이 가진 잠재성을 키워나가도록 도울 수는 있다고 생각해요. 그러려면 앞서 말씀드렸던, 다양성의 개념으로 아이들을 이해해야 합니다. 동정의 대상이 아니라 서로 다른 가치관과 장단점을 가진 한 명의 인격체로 바라봐야 해요. 그래야 나도 모르게 아이에게 상처를 주는 일을 피할 수 있어요. 사회적 편견으로부터 아이들을 보호할 수 있습니다.

우리 청소년들은 이전 세대와 다른 경험을 했습니다. 첫째로 세월호 사고를 겪었어요. 어른들을 믿지 않습니다. 어른들 말을 그대로 따르면 어떻게 되는지 똑똑히 지켜봤으니까요. 두 번째는 강남역 살인 사건입니다. 단지 여자이기 때문에 아무 이유 없이 목숨을 잃을 수도 있다는 사실을 알게 되었어요. 우리 사회가 여성을 어떻게 대하는지 깨달았습니다. 세 번째는 작년 한 해를 뒤흔든 촛불 시위예요. 가만히 있으면 아무것도 바꿀 수 없지만, 드러내고 표현한다면 세상은 달라질 수 있다는 걸 확인했습니다.

그래서 학생들은 움직입니다. 어른들이 짐작하는 것보다 생각이 깊어요. 사회적인 의식도 있고 공동체를 위해 희생을 무릅쓰는 학생들이 나오고 있습니다. 민주화 시대에는 젊은이들이 거리에서 몸으로 부딪혔습니다. 지금은 다른 방식으로 싸웁니다. 과거 어느 세대보다 더 빨리 성장하고 있어요. 어떤 면에서는 기성세대들이 그 속도를 못 따라가는 것 같습니다. 페미니즘 담론만 해도 그래요. 지금 청소년들도 이 문제를 알고 있습니다. 표면적으로는 남녀가 평등한 사회라고 하지만 현실에서는 다양한 차별이 있잖아요. 이른바 '여혐'이라던가 여성에 대한 무차별적 공격 등을 보면서 상당한 위기의식을 느낍니다. 그래서 민감하게 반응하고 또 빠르게 연대하고 있어요. 입시 공부, 취업 준비하기도 바쁜 세대들이 누가 시키지도 않았는데 페미니즘 책을 사서 봅니다. 과거처럼 거대 담론에서 시작된 것이 아닙니다. 단지 그것이 옳기 때문이 아니라 나의 생존과 직결된 문제이기 때문입니다. 그래서 더 진정성이 있어요. 이런 상황에서 어른들로부터 일등 신붓감이니, 결혼 안 하는 친구들은 부모님 사이가 안 좋아서 그렇다느니 하는 말을 들으면 어떤 생각을 하게 될까요. 기성세대에 대한 환멸만 커지겠지요. 최소한 이들에게 상처를 주지 않는 것만으로도 도와주는 일이라고 생각합니다. 다문화교육이 지향하는 다양성이라는 가치에 비추어, 나만 옳고 내가 삶의 표준이라는 생각에 대해 깊이 성찰해보는 자세가 필요하다고 생각합니다.

Q&A

청중 제가 가르치는 학급에는 다양한 아이들이 있습니다. 그중에는 장애인, 다문화가정, 탈북자 가정에 속한 아이들도 있는데요, 간혹 다툼이 생기면 난감해질 때가 있어요. 장애 아동 같으면 특수교사가 있지만, 탈북자나 다문화가정은 딱히 조언을 구할 데도 없어요. 이런 경우 어떻게 하는 게 좋을까요?

박윤경 학교의 소수자 학생과 관련해서는 이거다, 하고 답을 드리기가 어려워요. 학생들마다 처한 환경과 성향이 다르기 때문에 일괄적으로 해결할 방법이 있다고 말씀드리기는 어렵습니다. 다만, 이것이 단기간에 해결될 문제가 아니기에 장기적으로 전략을 세워야 한다는 점을 강조하고 싶어요. 아이들끼리 다툼은 일회적이지만, 그 이면에는 오랜 시간 쌓인 어떤 경험이 작용하고 있을 거예요. 선생님 입장에서는 당장 해결책을 내놓고 싶겠지만, 그럴 수 있는 경우는 많지 않아요. 그래서 저는 우선 아이의 입장을 이해하고, 아이 편에서 이야기를 들어주시기를 권합니다. 학생이 먼저 이야기하지 않으면 그럴 준비가 될 때까지 기다려주시고, 앞서 말씀드린 대로 기대와 긍정의 시선으로 계속 보살펴주세요. 그러다 보면 아이 스스로 위기를 극복할 힘을 길러나갈 수 있을 겁니다.

5강

국가는 국민을 위해 무엇을 할 수 있을까?

오창익

인권연대 사무국장

인간은
왜
폭력을
행사하는가
?

오창익

인권연대 사무국장으로 일하는 인권운동가. 듣고 말하고 읽고 쓰는 활동을 거듭하고 있다. 수사부터 재판, 형 집행에 이르는 과정에 대해 공부하고 사회적 발언을 하고 있으며, 다양한 인권 현안에 대해 실천 활동을 하고 있다. 광운대 외래교수이며, 저서로 『십중팔구 한국에만 있는!』, 『사람답게 산다는 것』, 『간신』(공저), 『10대와 통하는 청소년 인권 학교』(공저), 『인문학이 인권에 답하다』(공저), 『검찰공화국 대한민국』(공저) 등이 있다.

국가는 국민을 위해
무엇을 할 수 있을까?

안녕하세요. 인권연대 오창익입니다. 오늘은 대한민국 헌법을 기준으로 우리들의 인권 상황을 짚어보는 시간을 가져보겠습니다.

어떤 사회에나 갈등은 존재하기 마련입니다. 어쩌면 우리가 살아가는 매 순간이 갈등의 연속인지도 모르겠습니다. 사람마다 이해관계도 다르고 생각하는 것도 다르니 어쩌면 당연한 일이겠지요. 그러니 갈등이 있다는 것 자체는 문제될 게 없습니다. 중요한 건 갈등을 잘 푸는 일입니다. 갈등을 해소하기 위해서는 어떤 방법들이 있을까요?

대한민국 헌법이 말하는 인권

유감스럽게도 제일 먼저 떠오르는 건 폭력입니다. 힘으로 상대를 눌러버려 마치 갈등이 없는 것처럼 보이게 만드는 것입니다. 결코 좋은 방법은 아닙니다. 폭력을 행사할 만한 힘권력을 가진 쪽은 좋겠지만, 힘이 없는 사람은 비참한 굴종을 강요당해야 합니다. 사람들은 갈등을 해소하기 위해 보다 인간적인 방법을 찾아 보려고 노력했고, 대화와 토론이라는 보다 전향적인 대안을 찾게 됩니다.

토론은 갈등을 해소하기 위한 중요한 방법입니다만, 우리 사회는 아주 오랫동안 토론이 없는 시절을 보내야 했습니다. 이명박, 박근혜 정부가 대표적이었지요. 역사 교과서 국정화 문제도 그랬고, 사드THAAD, Terminal High Altitude Area Defense, 고고도 미사일 방어체계 배치 문제도 그랬습니다. 중요한 국가적 의제인데도 아무런 토론도 없었고, 반대하는 사람들을 설득하는 노력도 전혀 기울이지 않았습니다. 그저 힘으로 밀어붙이기만 했습니다. 정말 시대착오적이었습니다.

그게 아니라도 대화를 통해 상대를 설득하거나, 토론으로 어떤 결론에 이르는 것은 쉽지 않은 일입니다.

이런저런 일로 토론회 나갈 기회가 자주 있습니다. 상대를 설득해야 하니 열심히 준비합니다. 방송 토론 같은 경우엔 말할 내용을 전부 완성된 문장으로 적어갈 정도로 준비합니다. 하지만, 실제로 상대를 설득해서 상대가 입장을 바꾸는 것을 본 적은 한 번도 없습니다. 방송 토론을 보면 아시겠지만, 각자 자기가 하고 싶은 이야기만 하다가 끝나는 식입니다.

대화와 토론이 소용없다는 건 물론 아닙니다. 최대한 노력해야죠. 하지만, 어떤 진영에 속한 사람들이나 어떤 이익을 위해서만 말하고 행동하는 사람들을 설득하는 것은 좀체 쉬운 일이 아닙니다. 이럴 땐, 어떻게 하면 좋을까요?

이럴 때, 마지막으로 기댈 수 있는 것이 바로 법法입니다. 서로 입장 차이가 좁혀지지 않는다면 '법대로 하자'는 겁니다. 물론, 그 법은 공정하고 또 절차나 내용 모두에 있어서 민주적이어야 하겠죠. 그래야 법에 권위도 실리고, 법이 어떤 강제를 하더라도 승복할 수 있을 테니까요.

법은 진보나 혁신과는 일정한 거리가 있습니다. 기본적으로 보수적입니다. 법을 만드는 국회에서 일하는 국회의원들 중에 진보적인 사람들이 별로 없는 탓이기도 합니다만, 법이 시민들의 삶 전반에 대해 규정하기에 안정적일 필요가 있기 때문이기도 합니다. 그러니, '법 중의 법'이라는 헌법은 어떻겠습니까? 보수냐 진보냐는 잣대로 본다면, 보수 중의 보수가 되겠죠. 대한민국 헌법은 임시 헌법 _{당시 용어로는 '임시 헌장'}을 기준으로 하면 1919년, 제대로 된 헌법은 1948년에 처음 만들었습니다. 100년, 또는 70년이나 되었으니, 진보와는 거리가 있겠죠. 물론 몇 차례 개정 작업도 했지만, 마지막 개정도 1987년에 했으니, 벌써 30년이 넘었습니다. 오랜 세월이 지났죠. 그러니 법의 성격으로 보나, 지난 세월로 따져보나 얼마나 보수적일지 알 수 있을 겁니다. 30년이면 강산이 세 번 변할 긴 세월인데도 같은 헌법을 계속 쓰고 있으니까요.

하지만 헌법을 읽어보면, 의아한 대목이 적지 않다는 것을 알 수 있을 겁니다. 지금 기준으로 보아도 결코 '보수적'이라고 할 수 없는 진보적이며, 전향적인 내용들이 적지 않습니다. 우리에게 꽤나 그럴듯한 기준이 있다는 생각이 듭니다. 그럼, 한번 살펴볼까요? 일단 헌법 전문前文부터 보겠습니다.

우리나라 헌법에는 사람 이름이 전혀 등장하지 않습니다. 북한조선민주주의인민공화국 헌법에 김일성, 김정일의 이름이 셀 수 없이 많이 나오는 것과 큰 비교가 됩니다. 민주공화국에서 특정한 인물의 역할은 제한되어야 하고, 민주공화국의 주인주권자인 민중의 역할이 중요하다는 판단 때문입니다. 헌법 전문에는 두 개의 역사적 사건이 등장합니다. 바로 3·1혁명과 4·19혁명입니다. 헌법 전문의 첫 대목을 한번 볼까요.

유구한 역사와 전통에 빛나는 우리 대한국민은 3·1운동으로 건립된 대한민국 임시정부의 법통과 불의에 항거한 4·19민주이념을 계승하고……

만약 개헌을 한다면, 5·18 민중항쟁과 2017~2018 촛불혁명도 넣어야 한다는 사람들이 많습니다. 이 사건들은 민중의 역동적인 저항이라는 공통점을 갖습니다. 어떤 위대한 지도자의 결단에 의해서가 아니라, 숱한 사람들의 참여와 저항, 그리고 노력을 통해 건립된 나라가 바로 대한민국이라는 겁니다. 좀 더 읽어볼까요.

안으로는 국민생활의 균등한 향상을 기하고 밖으로는 항구적인 세계평화와 인류공영에 이바지함으로써 우리들과 우리들의 자손의 안전과 자유와 행복을 영원히 확보할 것을 다짐하면서……

제가 개인적으로 참 좋아하는 조문입니다. 어떤 국가든 국가 목표를 정할 때는 지금보다 좀 더 나은 상태를 그립니다. 국민생활은 당연히 향상되어야 합니다. 그렇지만, 그 '향상'은 '균등'해야 합니다. 누구는 잘살고 누구는 못사는 식은 아니라는 겁니다. 이러면 아주 보수적인 사람들은 사회주의 아니냐고 비난할 수도 있겠네요. 병상에 누워 있는 이건희 삼성전자 회장이 아무 일도 하지 않고 2017년 한 해 동안 벌어들인 수입이 모두 9조 원쯤 된답니다. 우리 같은 사람들은 아무 일도 하지 않고, 그저 숨만 쉰다면, 단돈 만 원도 벌 수 없는데 말입니다. 이런 식으로 부익부 빈익빈이라면 헌법의 원칙, 헌법의 정신에 맞지 않는 것입니다. 곧, 대한민국의 정체성에 맞지 않는 것입니다. 우리나라 헌법에는 '균등均等'이라는 말이 여러 차례 등장합니다. 하지만 현실에서는 '균등'을 찾기 어렵습니다. 그러니 우리 헌법은 현실과는 다르게 사뭇 진보적입니다. 안타깝게도 헌법의 이런 원칙을 알거나 이해하고 있는 시민들은 많지 않습니다.

헌법 제70조에 규정된 대통령의 5년 단임은 누구나 아는 상식입니다. 몇 조에 규정되어 있는지는 몰라도, 한국 대통령의 임기가 5년이고 한 번밖에 못 한다는 것을 모르는 시민들은 없을 겁니다. 그런데 이상한 일입니다. 대통령이 될 가능성도 거의 없는 사람들이 대통령의 임기는 정확히 알고 있는데, 자신의 삶과 밀접한 관련이 있는 중요한 원칙, 곧 '국민생활의 균등한 향상' 같은 내용에 대해서는 잘 모릅니다. 만약 어떤 대통령이 정해진 임기보다 단 하루라도 더 대통령 노릇을 한다면, 당장 난리가 날 겁니다. 하지만, 일상적으로 국민생활이 균등하게 향상되지 않는 점에 대해서는 문제의식을 갖고 있는 사람들이 별로 없습니다. 학교나 사회에서 제대로 가르쳐주지 않은 탓이고, 언론이 제 역할을 하지 못한 탓입니다만, 가장 중요한 '법 중의 법'을 제대로 들여다보지 않은 우리 시민들의 탓도 적지 않습니다.

헌법이나 다른 법률들은 대체로 두괄식頭括式 구조로 되어 있습니다. 뒤에 나오는 것보다는 앞에 나오는 것을 더 강조하고 싶다는 의지가 헌법의 구조에 담겨 있습니다. 그래서 대통령 조항보다 국회 조항이 먼저 나오는 것이고, 그 이전에 '국민의 권리'가 먼저 나오는 겁니다. 늘 경제가 중요하다지만, 경제는 저 뒤편에 가 있습니다. 제일 중요한 것은 국민의 인권이고, 그 인권을 제대로 보장하기 위해, 국회, 대통령 등의 헌법기관을 설치하고 있는 것입니다.

이제 본문本文을 읽어볼까요? 헌법 제10조입니다.

모든 국민은 인간으로서의 존엄과 가치를 가지며, 행복을 추구할 권리를 가진다.
국가는 개인이 가지는 불가침의 기본적 인권을 확인하고 이를 보장할 의무를 진다.

제1조부터 제9조까지가 제1장 총강總綱이고, 그다음부터 제2장 '국민의 권리와 의무'입니다. 총강은 일종의 서론에 해당하니, 본문은 제10조부터 시작하는 겁니다. 제10조가 첫머리이니 가장 중요한 내용입니다. 이 조문은 모든 국민은 권리를 가지고 있고, 그 권리에 대한 보장은 국가의 의무라는 것을 확실히 밝히고 있습니다.

권리는 홀로 존재하지 않습니다. 의무와 짝할 때에만 의미를 가집니다. 권리와 의무는 짝꿍 같은, 떼려야 뗄 수 없는 관계를 맺고 있습니다. 나에게 권리가 있다면, 누군가에게는 그 권리를 보장할 의무가 있어야만 의미를 가지는 것입니다. 그러니 무인도에서 홀로 지내야 하는 로빈슨 크루소에게 권리가 있다면, 그건 단지 명목일 뿐이지, 실질은 아닙니다. 로빈슨 크루소의 권리를 보장할 의무주체가 없으니까요.

대한민국 헌법 제10조는 권리와 의무와의 관계를 아주 명확하게 보여주고 있습니다. 권리는 국민의 것, 의무는 국가의 것이라는 점을 잘 확인시켜 주고 있습니다.

국가의 의무를 강조하는 두 번째 단락에서 국가 다음에 나오는 단어는 '개인'입니다. 우리 사회에는 개인을 강조하면 곧바로 이기주의라고 비난하는 전체주의적 분위기가 적지 않습니다. 그러나 헌법, 우리의 가장 중요한 원칙은 개인을 강조하고 있습니다. 왜 개인이 중요할까요? 사회 구성에서 가장 기본이 되는 것이 바로 개인이기 때문입니다. 그 앞에 나오는 행복도 마찬가지입니다. 행복은 사는 것이며, 동시에 느끼는 것인데, 그건 개별적인 것입니다. 행복을 느끼고 행복하게 사는 주체가 바로 개인입니다. 인권을 보장받는 주체는 바로 개별적인 존재인, 개인입니다. 그래서 인권은 개별적인 개념입니다. 물론 환경권처럼 개인을 넘어 집단에게 적용하는 권리들도 있습니다. 기후변화, 미세먼지 같은 문제들은 나 혼자만의 문제도 아니고, 나 혼자 어떻게 할 수 있는 문제도 아닙니다. 권리를 집단의 차원으로 이해해야 하는 경우가 있지만, 대부분의 권리는 개별적 존재의 문제입니다. 그런 점을 헌법 제10조에서 강조하며 확인하고 있습니다.

토마스 홉스는 국가를 전설에 나오는 괴물 리바이어던^{Leviathan}에 비교합니다. 고래보다 서른 배나 더 크다는 어마어마한 괴물입니다. 맞습니다. 국가는 리바이어던에 비교할 만큼 큰 존재입니다. 2018년 예산이 429조 원입니다. 군대, 경찰, 감옥도 갖고 있고, 법을 만들어서 개인의 삶을 통제하기도 합니다. 현실에서 국가보다 더 큰 존재, 더 힘센 존재는 없습니다. 최고의 슈퍼 파워입니다. 하지만 국가는 꽃이나 새, 나무나 바람이 아닙니다. 아무리 큰 존재라도 사람들의 발명품에 불과합니다. 다른 나라는 몰라도 대한민국은 국가라는 존재를 왜 만들었냐면, 바로 개인의 인권을 확인하기 위해서입니다. 가족도 친구도 아닌 현실에서 가장 큰 존재가 나에게 인권이 있다고 인정해주니, 고맙고 든든합니다. 국가의 인정이니 그만큼 권위가 있기도 합니다. 하지만 단지 국가의 역할이 '확인'에만 머무른다면, 국가의 쓸모는 매우 작을 수밖에 없습니다.

확인해준다는 건 일종의 덕담을 건네는 것과 다르지 않습니다. 국민이 국가를 유지하기 위해 세금도 내고, 군대도 다녀오는데 기껏해야 국가의 역할이 말로만 덕담을 건네는 수준이라면 그런 국가는 필요 없겠죠. 당연히 대한민국은 그런 나라가 아닙니다. 대한민국은 '확인'을 넘어 훨씬 더 큰 역할을 담당합니다. 그건 인권을 보장할 의무를 지는 것입니다. 의무란 해도 그만 안 해도 그만인 일이 아닙니다. 세금을 내기 싫다고 안 내고, 군대에 가기 싫다고 안 가는 게 아닌 것과 마찬가지입니다. 하면 고맙고 하지 않으면 서운한 것도 아닙니다. 꼭, 반드시 해야만 하는 일입니다.

그러나 한국 사람들 중 대부분은 국민이 권리를 가지고 있고, 국가는 의무를 지고 있다는 이 엄연한 사실을 잘 모릅니다. 학교에서도 '국민의 의무'만 달달 외우게 합니다. 그래서 인권에 대해 알고 이해하는 게 중요합니다. 유엔에 따르면 인권교육을 받을 권리도 중요한 하나의 권리이며, 인권교육을 하지 않거나 인권교육을 받지 못하게 방해하는 일은 인권침해입니다. 이 명확한 헌법 원리를 제대로 가르치지 않고, 그저 국민으로서의 의무나 도리 같은 것만 가르치고 배운 결과, 너나없이 우리 모두가 헌법 원리에 익숙하지 못하게 한 것입니다.

헌법 32조 노동권

다른 조문들이 덜 중요한 것은 아니지만, 요즘 상황에서 꼭 짚어보고 싶은 헌법 조문이 있습니다. 제32조 1항입니다. 함께 읽어보시죠.

모든 국민은 근로의 권리를 가진다. 국가는 사회적·경제적 방법으로 근로자의 고용의 증진과 적정 임금의 보장에 노력하여야 하며, 법률이 정하는 바에 의하여 최저임금제를 시행하여야 한다.

일단, '근로'勤勞 또는 '근로자'勤勞者라는 용어부터 살펴봐야겠네요. 사람들이 주로 쓰는 '노동'勞動 또는 '노동자'勞動者라는 말 대신, 헌법에서는 근로 또는 근로자라고 쓰고 있습니다. 비슷해 보이지만, 의미는 무척 다릅니다. 근로자라는 말은 노동을 성실하게 근면하게 하는 사람을 뜻합니다. 그러니까 노동자의 입장에서 만들고 쓰는 말이라기보다는 노동자들이 언제나 성실하고 근면했으면 좋겠다는 자본가 입장을 반영하는 말입니다. 헌법을 개정한다면, 반드시 바꿔야 할 단어입니다.

이 조문은 앞서 살펴본 제10조의 헌법 원리를 그대로 반복하고 있습니다. 일단, 국가가 국민들의 노동권을 선언합니다. 제10조의 표현을 따르면 '확인'하는 것입니다. 그다음엔 바로 국가의 역할이 나옵니다. 첫째는 고용 증진, 둘째는 적정 임금 보장입니다. 흔히 일자리 문제가 가장 중요한 국정 과제라고들 합니다. 맞습니다. 일자리가 모자라고, 특히 좋은 일자리는 턱없이 부족한 실정입니다. 청년부터 어르신들에 이르기까지 많은 사람들이 일자리 때문에 고통을 받고 있습니다. 일자리가 없다는 아우성이 도처에서 쏟아져 나오고, 가까스로 취업을 했다 쳐도, 언제 잘릴지 몰라 불안해하는 사람들도 많습니다. 하지만, 이 중요한 문제를 두고 국가의 역할이나 책임을 생각하는 사람들은 별로 없습니다. 어떤 사람이 일자리를 얻지 못할 때, 그건 국가가 일자리를 만들지 않은 탓이라기보다는 자신이 열심히 노력하지 않은 탓이라 여기는 사람들이 많습니다. 하지만, 일자리가 부족한 게 누구 탓인가에 대해 우리 헌법은 명확히 밝히고 있습니다. 바로 국가 탓입니다.

국가가 더 많은 일자리를 만들려면 일자리 만드는 데 더 많은 세금을 쓰면 됩니다. 북유럽의 복지국가들은 인구 대비 20퍼센트 가까운 숫자를 국가가 직접 고용하고 있는 데 반해, 한국의 인구 대비 공공기관 채용 비율은 겨우 3퍼센트 남짓에 불과합니다. 미국과 비교해도 절반밖에 되지 않는 낮은 수치입니다. 우리나라 정도 경제력이면 좀 더 노력하면 훨씬 더 많은 일자리를 만들어낼 수 있습니다. 이 문제 역시, 일자리 문제가 개별적인 노력보다는 국가의 역할이 중요하고, 국가가 일자리 문제에 대해 의무를 지고 있다는 헌법 원칙으로 풀어야 합니다.

두 번째 국가의 역할은 적정 임금의 보장입니다. 일자리를 만드는 데 그쳐선 안 되고, 그 일자리가 적정 임금을 보장하는 좋은 일

한국의 인구 대비 공공기관 채용 비율은 겨우 3퍼센트 남짓에 불과합니다. 미국과 비교해도 절반밖에 되지 않는 낮은 수치입니다. 우리나라 정도 경제력이면 좀 더 노력하면 훨씬 더 많은 일자리를 만들어낼 수 있습니다. 이 문제 역시, 일자리 문제가 개별적인 노력보다는 국가의 역할이 중요하고, 국가가 일자리 문제에 대해 의무를 지고 있다는 헌법 원칙으로 풀어야 합니다.

자리여야 한다는 겁니다. 어느 정도 임금이 적정한가는 좀 따져봐야 하지만, 일반적으로 노동자들이 필요로 하는 것들을 충족하는 수준은 되어야 적정하다고 할 수 있습니다. 의식주는 물론이고 다른 나라에 비해 엄청나게 많이 드는 교육비, 문화생활을 즐길 비용에다 노후 대비까지 할 수 있어야 합니다. 그러니 적정 임금이란 말을 우리가 자주 쓰는 말로 바꾼다면 희망 임금 정도가 되겠네요. 이것도 마찬가지입니다. 국가가 노동자의 적정 임금을 보장하기 위해 어떤 노력을 하고 있는지 주권자들이 끊임없이 묻고 따져야 합니다. 국가가 당연히 해야 할 역할이지만, 누군가 그 역할을 일깨워주지 않는다면, 국가는 여태껏 우리가 봐왔던 그대로 자기 역할은 하지 않고 엉뚱한 짓만 할 가능성이 높으니까요.

최저임금을 최소한 시간당 1만 원까지 올리는 것도, 적정 임금 보장을 위한 노력의 하나가 될 것입니다. 그런데 최저임금 인상이나 기본 소득 도입과 관련해 여러 논쟁들 가운데, 정부 재원이 부족하다거나 경제에 나쁜 영향을 미칠 거라고 이야기하는 분들도 있지만, 적정 임금 보장을 위한 국가의 당연한 책무라는 차원에서 접근하는 분들은 많지 않은 것 같습니다. 자, 다시 한 번 정리해볼까요? 일자리 창출과 적정 임금 보장은 국가의 의무이며, 국민에게는 권리입니다.

권리라는 뜻을 가진 영어 단어 right에는 정의justice라는 뜻도 포함되어 있습니다. 물론, 당연하다는 뜻도 있습니다. 그러니까 국가가 일자리를 더 많이 만드는 건 당연한 일이고, 정의에 부합하는 일입니다. 우리에겐 조금 낯선 개념입니다만, 이렇게 헌법 원칙대로 생각하는 사람들이 늘어나야 그만큼 일자리와 적정 임금이라는 권리가 실현될 가능성이 높아집니다.

노동권에 대해 조금만 더 읽어보겠습니다. 제32조 3항입니다.

근로조건의 기준은 인간의 존엄성을 보장하도록 법률로 정한다.

근로노동 조건은 뭘 말하는 걸까요? 노동시간, 휴가, 휴게, 임금, 승진, 보직 등 일과 관련된 모든 쟁점이 바로 근로조건입니다. 이런 것들은 모두 '인간의 존엄성'을 보장할 수 있는 정도여야 한다는 규정입니다.

노동조건의 기준이 인간의 존엄성이어야 한다는 것은 기본적으로 노동자들의 인권을 위한 것이지만, 꼭 거기서만 멈추는 것은 아닙니다. 얼마 전에 고속도로에서 대형 버스를 몰던 운전기사가 깜빡 조는 바람에, 앞에 있는 승용차를 들이박는 사고가 있었습니다. 승용차에는 50대 부부가 타고 있었는데, 그 자리에서 목숨을 잃었습니다. 끔찍한 사고였죠. 이 사건이 보도된 직후에 인터넷 기사를 보니, 버스 운전기사를 욕하는 댓글들이 엄청나게 달려 있었습니다. 당연한 일이죠. 운전기사가 조심했다면, 안전 운전을 했다면, 그 부부가 목숨을 빼앗기는 일은 없었을 테니까요.

그런데 어느 눈 밝은 기자가 속사정을 좀 더 취재했나 봅니다. 알고 보니, 운전기사의 노동조건이 엉망이었던 겁니다. 휴식 없이 장시간 운전을 했고, 이 때문에 늘 과로 상태였다는 걸 밝혀낸 것입니다. 운전기사의 일과를 보니, 퇴근하고 집에 가서는 잠깐 눈만 붙였다 일어나서는 다시 출근을 해야 합니다. 6시간 만에 다시 운전대를 잡게 했던 겁니다. 운전을 하는 중에도 2시간 운전하고는 딱 10분만 쉰답니다. 그러니 졸음이 쏟아질 수밖에요. 어떤 운전기사들은 쏟아지는 잠을 참기 위해 생마늘을 씹기도 한답니다.

이런 기사를 접한 다음, 댓글이 바뀌기 시작합니다. 언론이 방향을 잘 잡아주니까, 여론도 함께 움직이는 겁니다. 여론이 움직이니 정부도 움직입니다. 정부에서는 안전 운전을 위해 운전기사의 주당 노동시간을 제한하고, 한번 운전한 다음에는 절대 시간이 지나야 다시 운전할 수 있도록 하겠답니다.

끔찍한 교통사고는 하나의 사건이었지만, 이를 보는 시각은 대체로 두 가지가 존재했습니다. 하나는 개인 책임을 묻는 것이고, 다른 하나는 열악한 노동조건을 따져보고, 곧 노동조건이 바뀌어야 한다고 대책을 마련하는 것입니다.

이번에는 같은 제32조의 4항입니다.

여자의 근로는 특별한 보호를 받으며, 고용·임금 및 근로조건에 있어서 부당한 차별을 받지 아니한다.

여성 노동의 현실도 헌법과는 딴판입니다. 통계를 보면, 남성 평균 임금 대 여성 평균 임금의 격차가 가장 큰 나라가 바로 한국입니다. 남성이 평균 100만 원을 받는다면, 여성이 받는 임금은 60만 5000원에 불과합니다. 이건 명백한 차별입니다. 단지 여성이라는 이유만으로 채용하지 않는 경우도 너무 많습니다. 군대, 소방, 경찰 같은 곳은 여전히 여성이란 이유만으로 배제합니다. 꼭 남성만이 할 수 있는 일이 따로 있다면 모르겠지만, 사실 그런 일은 별로 없습니다. 고용과 임금에서 일상적인 차별을 받고 있으니, 여성 노동에 대한 '특별한 보호' 같은 게 있을 리 없죠. 어떤 분들은 생리 휴가, 임신, 출산, 육아와 관련된 휴가나 휴직을 '특별한 보호'라고 부르는 분들도 있지만, 생리는 매달 겪어야 하는, 말 뜻 그대로 생리生理이고, 출산율 꼴찌 국가에서 여성이 임신, 출산을 맡아준다면 무조건 고마워해야 하는 일 아닌가 싶습니다.

정해진 휴가조차 어떤 직장이냐에 따라 전혀 쓰지 못하는 여성도 많고, 임신, 출산, 육아와 관련된 휴가나 휴직도 공무원이나 대기업이 아니면 제대로 쓰지 못하는 경우도 많습니다. 그러니 사실상 헌법에 규정된 '특별한 보호'는 없는 거나 다름없습니다.

다음 조문도 마찬가지입니다. 제32조 5항은 "연소자의 근로는 특별한 보호를 받는다"고 규정하고 있지만, 청소년 역시 특별한 보호는커녕 일반적인 보호조차 받지 못하고 있습니다. 프레스에 목이 끼어 숨진 제주도의 청소년이나, 서울 구의역에서 스크린 도어를 수리하다 목숨을 잃은 청소년 모두 고등학교 3학년 현장 실습

생이었습니다. 둘 다 위험한 일이었지만, 혼자서 해야 했습니다. 위험은 연소화年少化되고 있습니다. 나이 어린 사람에게 위험한 일, 더러운 일을 떠넘기는 사업장이 적지 않고, 그 어린 사람이 청소년인 경우도 너무 많습니다. 아르바이트를 하면서 최저임금도 받지 못하는 청소년들도 많고, 어리다고 무시당하거나 성추행이나 성희롱에 무방비로 노출되어 있는 경우도 많습니다. 그게 아니라도 나이가 어리다는 이유만으로 반말을 듣거나, 무시당하는 경우도 너무 많습니다.

헌법이 규정하고 있는 것처럼 연소자의 노동이 특별한 보호를 받으려면, 가장 먼저 그들이 어떤 권리를 갖고 있는지 알려주어야 합니다. 일을 시작하기 전에 반드시 근로계약서를 써야 하고, 아무리 적어도 최저임금만큼은 받을 수 있다는 것을 아는 사람과 그렇지 못한 사람은 노동기본권을 보장받을 가능성이 달라집니다. 그야말로 하늘과 땅 차이가 납니다. 청소년이기에 특별한 보호를 해야 한다고 여기는 사람들도 있겠지만, 오히려 나이가 어리다는 이유만으로 함부로 대하거나 임금을 깎으려고 하는 사람들도 적지 않습니다.

이를테면, 1년 이상 상시 노동자는 3개월까지 수습 기간을 둘 수 있습니다. 이 기간 동안에는 최저임금의 10퍼센트를 주지 않을 수도 있어요. 숙련과 수습 기간이라 치는 거죠. 그런데 이걸 악용하는 사람들이 있어요. 1년 이상은커녕 여름방학 때, 겨우 2주 동안 아르바이트를 할 건데, 근로계약서는 1년 이상 상시 노동으로 해

두고, 수습 기간을 적용하는 겁니다. 편법이죠. 비판이 제기되니까, 이제는 아예 1년 이상 상시 노동자의 경우라도 수습 기간에 최저임금 이상을 줘야 하는 것으로 제도를 바꿨습니다. 하지만, 실제 현장에선 적용이 잘 안 되는 경우도 있습니다. 노동자에게 적어도 최저임금 이상을 받아야 한다는 명확한 인식이 없으면, 아무리 법으로 정해두어도 현실이 법을 비껴가는 경우가 생깁니다. 임금은 언제나 정해진 때에 받아야 하는데, 사업주가 이번 달은 너무 힘드니까 다음 달에 주겠다고 하면 그냥 넘어가는 경우도 있는데, 제때 임금을 주지 않는 것은 근로기준법에서 범죄로 정해둔 정말 나쁜 짓입니다. 그러니 아는 것이 중요합니다. 알아야 자기 자신을 지킬 수 있고, 알아야 권리를 보장받을 가능성도 커집니다. 어렸을 때부터 학교에서 노동교육을 받을 수 있어야 합니다. 정말 시급한 과제입니다.

노동조합을 결성하고 가입할 권리, 노동조합이 사용자와 단체협상을 할 권리, 파업 등 단체 행동을 할 권리를 노동3권이라고 하는데, 이것도 헌법에 규정되어 있습니다. 제33조에는 이 노동3권이 '근로조건의 향상'을 위한 것이라고 규정되어 있습니다. 헌법 제10조에서 규정한 것처럼 모든 사람들이 행복하게 살라치면, 임금도 제대로 받아야 하고, 노동시간은 줄어들고, 휴가도 더 늘어야 합니다. 이건 사람의 당연한 욕구입니다. 단순한 욕구만이 아니라, 생존을 위한 절박한 요구이기도 합니다. 노동자들이 사람답게 살기 위해 꼭 필요한 것들인 만큼, 헌법에 규정해놓은 것입니다. 그런데 정부나 언론에서는 노동자들이 월급을 올려달라고 단체행동을 한다고 비난하기도 합니다. 헌법에 보장된 권리를 행사하는 것에 딴죽을 거는 겁니다. 제대로 월급을 주지 않거나 적절한 휴가를 보장하지 않는 것이 문제지, 잘못된 문제를 바로잡기 위한 노동자들의 활동이 문제가 되는 것은 아닙니다.

국민의 권리와 권리의 제한

이번엔 헌법 제34조를 읽어보죠.

① 모든 국민은 인간다운 생활을 할 권리를 가진다.

② 국가는 사회보장·사회복지의 증진에 노력할 의무를 진다.

③ 국가는 여자의 복지와 권익의 향상을 위하여 노력하여야 한다.

④ 국가는 노인과 청소년의 복지향상을 위한 정책을 실시할 의무를 진다.

⑤ 신체장애자 및 질병·노령 기타의 사유로 생활 능력이 없는 국민은 법률이 정하는 바에 의하여 국가의 보호를 받는다.

⑥ 국가는 재해를 예방하고 그 위험으로부터 국민을 보호하기 위하여 노력하여야 한다.

헌법 제34조는 1항의 "인간다운 생활을 할 권리"를 국가가 사회

보장, 사회복지의 증진을 통해 보장해야 하고, 특별히 여성, 노인, 청소년을 챙겨야 하고, 장애, 질병, 노령, 기타 이유 때문에 가난한 사람은 국가의 보호를 받아야 하며, 재해로부터 안전할 수 있도록 노력해야 한다는 것입니다.

이 조문도 앞서와 마찬가지 구조로 짜여 있습니다. 먼저 국가는 모든 국민이 인간다운 생활을 할 권리를 가진다고 선포합니다. 이는 헌법 제10조에서 말하는 '확인'과 마찬가지 기능을 합니다. 인정한다는 뜻입니다. 그러나 국가가 단순히 국민들의 인간다운 생활에 대해 인정하기만 한다고, 인간다운 생활이 보장되는 것은 아닙니다. 따라서 2항부터는 사회보장, 사회복지 등에 대한 국가의 책무가 나옵니다. 즉, 모든 국민에게는 권리가, 권리를 보장할 의무는 국가에게 있다는 헌법 제10조의 원칙을 다시금 확인하는 것입니다.

사회보장과 사회복지는 국민들이 인간다운 생활을 위해 꼭 필요한 안전장치입니다. 사회보장과 사회복지에 대해 국가가 어느 정도 부담을 지는 것도 사실이지만, 많은 경우, 복지 활동 자체를 '외주화外注化'하고 있습니다. 사회복지법인이 시설을 운영하거나 사업을 진행하고, 국가는 여기에 드는 비용을 부담하는 방식입니다. 국가가 이런 방식을 선호하는 것은 비용이 적게 들기 때문입니다. 만약 어떤 사회복지시설을 국가가 직접 운영한다면 직원들은 모두 공무원이어야 하기에 인건비 부담이 적지 않다는 것입니다. 반면, 지원금이나 보조금을 주면서 사회복지법인에게 운영하도록 하면 상대적으로 헐값에 복지시설을 운영할 수 있는 것입니다. 사회복지사

등 사회복지시설 종사자의 저임금 구조에 기댄 기형적인 모습입니다. 종사자들은 격무와 박봉에 시달리고, 자기 직업에 대한 자존감도 갖기 어려운 실정입니다. 그러니 제대로 된 복지 서비스가 나올 가능성도 적어집니다. 그저 종사자들의 헌신, 노력 봉사 등에만 기대는 것입니다.

나라 살림이 어려울 때는 편법적으로 이런 방식에 기대는 것도 있을 수 있는 일입니다. 그렇지만, 국가 예산이 429조 원이나 되고, 1인당 GNP도 3만 달러가 넘는 나라에서 여태껏 저개발 국가식 모델을 그대로 고집한다는 것은 이해할 수 없는 일이며, 헌법 제34조의 원칙에도 맞지 않는 일입니다. 헌법에 규정된 대로, 사회보장과 사회복지는 증대되어야 하고, 이를 위해 국가는 노력을 기울여야 하는 의무를 지고 있습니다. 물론, 그 방향은 사회보장과 사회복지에서 국가의 역할이 지금보다 훨씬 더 커지는 것을 의미합니다.

국가의 정상적 역할이라는 측면에서 보면 미국은 좀 이상한 나라입니다. 국가의 기본이라고 할 수 있는 교정 업무조차 사영화하고 있는 나라입니다. 미국 교도소 중에서 사영 교도소가 차지하는 비중은 50퍼센트가 넘습니다. 한국의 경우에는 개신교계가 운영하는 딱 한군데만 이례적으로 있을 뿐입니다. 사영 교도소를 운영하는 것은 돈을 아낄 수 있기 때문입니다. 사영 교도소의 경우에는 국가가 운영 경비를 대지만, 보통의 국영 교도소에 비해 70퍼센트 정도밖에 주지 않습니다. 그런데도 교도소 회사들은 이익을 남깁니다. 어찌된 영문이냐고요?

비결은 간단합니다. 우선 인건비부터 깎으면 됩니다. 교도소 소장이나 과장 등 간부들에게는 두세 배의 임금을 주되, 나머지 직원들은 과감한 비정규직화로 임금을 대폭 줄이는 겁니다. 신분이 공무원이라면 대규모 임금 삭감이나 비정규직화는 불가능한 일이지만, 일반 회사 직원이니 고용 안정성만 흔들면 임금 삭감이 가능한 것입니다. 시설에 쓰는 비용도 대폭 줄입니다. 예전에는 방 하나에 한 명씩 수용했지만, 사영 교도소에서는 두세 명은 기본이고, 열 명이 넘을 때도 있고, 아주 극단적으로는 체육관처럼 넓은 공간에 그저 침대만 놓고는 수백 명의 수용자를 한꺼번에 가두기도 합니다. 물론, 교도소 수용자들을 이렇게 처우하는 것은 심각한 인권침해지만, 인권침해를 받는 사람들이 뭔가 문제를 일으켜 교도소에 갇힌 사람들이라 여론의 지지를 받을 가능성도 적고, 일반 시민들의 법 감정은 죄 지은 사람들은 벌을 많이 받아야 한다는 것이기 때문에, 사회적·정치적으로 쟁점이 될 가능성도 적습니다. 게다가 교도소 수용자들을 위한 교정교화 프로그램도 제대로 운영하지 않으면 국영 교도소에 비해 70퍼센트의 예산만 사용해도 얼마든지 운영할 수 있고, 또 회사 입장에서는 수익도 낼 수 있는 것입니다.

사회복지도 마찬가지입니다. 솔직히 미국의 사영 교도소와 한국의 사회복지가 어떻게 다른지 모르겠습니다. 사회복지 종사자들의 희생에 기댄 구조라 취약하기만 합니다. 종사자들은 더 많이 일해야 하고, 더 적은 임금을 받아야 합니다. 사회복지재단들은 형식적으로는 공공성을 띠고 있지만, 실제로는 설립자와 이사장의 1인 지배 구조에 놓여 있는 경우가 많기 때문에 인사권을 가진 이사장이나 원장 등에 의해 운영이 좌우되는 경우가 너무 많습니다. 그러니 복지 서비스의 질은 떨어지기 마련입니다. 어떻게 보면 사회복지 종사자들이 사회복지 서비스를 받아야 할 사람들이기도 한데, 어떻게 제대로 된 서비스를 제공할 수 있겠습니까? 모두 국가가 역할을 제대로 하지 않아서 생기는 일입니다.

헌법은 제33조에서 사회보장, 사회복지에 대한 국가의 책무를 규정하고는 바로, 3항부터 인간답게 생활할 권리를 제대로 보장받지 못할 가능성이 높은 사람들을 챙깁니다. 3항에서는 여성, 4항은 노인과 청소년, 그리고 5항은 생활 능력이 없는 국민을 특별히 챙기고 있습니다.

일부 남성들은 헌법 제34조 3항에서 여성을 특별히 챙기는 데 불만을 갖고 있다고도 합니다. 믿을 수 없는 일이지만, 여성가족부가 인권 걸림돌이라거나 여성들만 챙겨주느라 남성의 인권이 침해된다는 등의 이야기도 곧잘 들립니다. 그런데 누군가의 인권을 챙겨주는 일은 결코, 어떤 경우에도 다른 누군가의 인권침해로 연결되지는 않습니다. 자존감을 갖지 못한 일부 남성들의 괜한 푸념일 뿐입니다. 대한민국 헌법이 제32조의 노동권에 이어 제34조에서도 여성을 특별히 꼽은 이유는 간단합니다. 한국 사회에서 인간다운 생활을 하는 것이 남성보다는 여성에게 훨씬 더 힘든 일이기 때문입니다.

노인과 청소년은 더 설명할 필요도 없을 겁니다. 누구나 어린 시절을 거쳐 늙은이가 됩니다. 당연한 이치입니다. 그런데 어리거나 늙으면 생산 능력이 떨어지거나 없을 가능성이 높습니다. 당연히 국가의 보호를 받아야 합니다. 청소년은 우리의 미래이고, 노인은 오늘의 대한민국을 일궈온 주역들이기 때문에라도 당연한 대접입니다.

마지막 5항은 "생활 능력이 없는 국민"에 대해 규정하고 있습니다. 헌법에서는 능력이 없는 경우를 장애, 질병, 노령, 그리고 '기타의 사유' 등 네 가지를 꼽고 있습니다. 장애, 질병, 노령에 해당하는 사람들은 간단히 말하면, 돈을 벌기 어려운 사람들입니다. 당연히 생활 능력이 없을 가능성이 높아집니다. '기타의 사유'는 정말 여러 가지 경우가 여기에 해당합니다. 이게 우리 헌법의 매력이기도 합니다. 가능성을 활짝 열어놓고 있습니다. 취직을 못한 사람, 취직했는데 도중에 잘린 사람, 장사하다가 망한 사람, 장애, 질병, 노령의 가족을 돌보느라 막상 자신은 너무 힘들어진 사람 등 다양한 경우입니다. 이럴 때, 우리는 보통, 각자도생各自圖生을 생각하지만, 각자 알아서 살길을 찾는 게 때론 너무 힘들기도 합니다.

예전에는 게으른 사람들이 가난하다고들 했지만, 전혀 사실이 아닙니다. 가끔 버스든 지하철이든 새벽 첫 차를 타면, 누구보다 부지런히 사는 분들을 만날 수 있습니다. 누구보다 일찍 일을 시작하고, 누구보다 많은 시간 일하는 분들입니다. 그러나 새벽 첫 차를 타야 하는 분들은 대개 가난한 분들입니다. 아무리 열심히 노력해도 가난을 벗어나지 못하는 분들이 많습니다. 그저 각자도생에만 맡겨둘

일은 아닌 거죠. 각자 알아서 살아야 한다면, 국가라는 어마어마한 조직을 유지할 까닭이 없을지도 모릅니다. 국가의 가장 큰 역할이 바로 여기에 있습니다. 내가 여러 가지 이유로 인간답게 살지 못할 때, 그때 바로 "어디선가 누군가에 무슨 일이 생기면, 틀림없이 나타나는" 존재가 바로 국가입니다.

자, 이번엔 헌법 제37조를 살펴보겠습니다. 먼저, 조문부터 읽어 보시죠.

① 국민의 자유와 권리는 헌법에 열거되지 아니한 이유로 경시되지 아니한다.
② 국민의 모든 자유와 권리는 국가안전보장·질서유지 또는 공공복리를 위하여 필요한 경우에 한하여 법률로써 제한할 수 있으며, 제한하는 경우에도 자유와 권리의 본질적인 내용을 침해할 수 없다.

제37조의 1항은 제10조와 구조적으로 짝하고 있습니다. 제10조에서는 행복추구권이라는 추상적인 개념을 쓰고, 그다음부터는 구체적으로 하나씩 권리들을 열거하고 있습니다. 방금 살펴본 것처럼, 제32조에서 노동권, 제33조에는 노동3권, 제34조에선 인간다운 생활을 할 권리 식으로 열거하고 있습니다. 그리곤 제37조에선 앞에서 열거하지 않았다는 이유로 경시하면 안 된다고 오금 박아 두

고 있습니다. 그러니까 앞문과 뒷문을 활짝 열어놓고 바람을 잘 통하게 하는 구조 같은 것입니다. 참으로 매력적인 구조입니다. 헌법은 우리가 조금만 적극적으로 해석하면, 사실상 모든 권리를 다 포괄할 수 있는 구조인 것입니다. 환경 등 녹색 가치에 대해서는 많이 미흡하고, 성적 지향에 따른 차별에 대해서는 언급조차 없지만, 제10조의 행복추구와 제37조의 헌법에 열거하지 않았다고 경시하면 안 된다는 조문으로 얼마든지 헌법적 근거를 마련할 수 있는 것입니다.

계속해서 제37조 2항을 살펴보겠습니다. 이 조문은 권리의 제한에 대해 규정하고 있습니다. 인권이 맘대로 쓸 수 있는 것도, 무제한으로 보장할 수 있는 것도 아니라는 겁니다. 그런데 자세히 읽어보면, 이 조문이 인권의 제한에 중점을 둔 것이 아니라, 함부로 인권을 제한하면 안 된다는 데 무게를 두고 있다는 것을 알 수 있습니다. 인권을 제한할 수는 있는데, 제한하려면 몇 가지 필요조건을 통과해야 합니다. 첫째로 "국가안전보장, 질서유지, 공공복리를 위하여 필요한 경우"라는 관문을 통과해야 합니다. 만약 꼭 필요한 경우가 아니라면, 인권을 제한할 수 없다는 거죠. 두 번째 관문은 그 필요성이 인정된다 하더라도, 반드시 법률이 있어야 합니다. 법률은 법령과는 다릅니다. 법률은 국회에서 제정한 우리가 아는 그 법률만을 뜻하고, 법령은 법률에다 국회의 의결을 거치지 않은 행정부에서 만든 명령을 포함하는 개념입니다. 대통령령, 총리령, 부령, 시행규칙 등입니다. 그러니 법률이 아닌 대통령이나 시행규칙을 갖고 인권을 제한하면 안 된다는 것입니다. 명령으로도 인권을 제한할 수 없으니, 학칙이나 사규 같은 것으로 인권을 제한하는 것은 더욱 안 될 일입니다.

자, 꼭 필요한 경우라는 첫 번째 관문과 법률이라는 두 번째 관문을 통과했다하더라도 인권을 제한할 수 있는 것은 아닙니다. 우리 헌법에서는 세 번째 관문까지 만들어두었습니다. 그건 바로 자유와 권리의 본질적인 내용은 침해할 수 없다는 것입니다. 뭐가 자유와 권리의 본질적인 내용인지는 학자마다 서로 다른 견해를 갖고 있습니다. '본질'이라는 개념이 추상적이기 때문입니다. 하지만, 헌법은 언제나 보다 적극적으로 해석해야 합니다. 의식주부터 생각하고 일을 하고, 종교 활동을 하는 등, 일체의 개인적인 활동이 모두 본질에 해당한다고 봐야 합니다. 내가 어떤 생각을 하던 국가가 개입할 수 없고, 해서도 안 된다는 겁니다.

국가가 개인의 인권을 제한하려면, 이렇게 세 가지 관문을 통과해야 합니다. 인권을 함부로 제한하지 말라는 겁니다. 물론, 현실은 녹록치 않습니다. 법률도 아닌 학칙으로 학생들의 인권을 제한하는 일도 많고, 꼭 필요하지 않아도 일상적으로 인권을 제한하는 경우도 많습니다. 사규로 노동자들의 권리를 제한하는 경우 역시 적지 않습니다. 이런 일들은 모두 헌법 위반에 해당합니다. 그렇지만 많은 시민들이 자신의 삶과 밀접한 관련이 있는 다른 권리들에 대해서는 둔감하거나 아예 알지도 못하는 경우가 많습니다.

헌법 속 경제 정의

이번엔 훌쩍 건너뛰어서 먹고사는 문제를 살펴보겠습니다. 바로 헌법의 경제 조항들입니다. 헌법은 모두 10개의 장으로 구성되었는데, 제1장인 총강과 제10장 헌법 개정은 각각 서론과 일종의 부록에 해당하니, 본문은 제2장부터 제9장까지입니다. 헌법 본문 중에서 마지막 장인 제9장은 경제와 관련된 사항들이 규정되어 있습니다.

> 제119조
> ① 대한민국의 경제 질서는 개인과 기업의 경제상의 자유와 창의를 존중함을 기본으로 한다.
> ② 국가는 균형 있는 국민경제의 성장 및 안정과 적정한 소득의 분배를 유지하고, 시장의 지배와 경제력의 남용을 방지하며, 경제주체간의 조화를 통한 경제의 민주화를 위하여 경제에 관한 규제와 조정을 할 수 있다.

제1항에서는 개인과 기업의 자유와 창의를 존중하는 경제 질서여야 한다고 규정하고, 제2항은 유명한 '경제 민주화' 조항입니다. 경제와 관련하여 국가에게 주어진 책무는 첫째로 국민경제의 성장입니다. 재벌 경제만의 성장, 대기업만의 성장이 아닙니다. 게다가 국민경제의 성장은 '균형'을 갖춰야 합니다. 골고루 잘살아야 한다

는 것입니다. 재벌은 어마어마한 수익을 올리고 있지만, 보통 시민들은 경제적 어려움을 겪는 현실은 헌법이 규정하는 '균형'이 아닙니다. 아랫목은 펄펄 끓는데, 윗목에서는 추위에 떨어야 하는 경제 현실은 명백한 헌법 위반입니다.

경제를 안정적으로 유지하는 것도 국가의 역할이고, 적정한 소득 분배를 유지하는 것도 국가의 역할입니다. 적정한 소득 분배는 세금을 통해서만 가능합니다. 그런데 지금의 조세 구조는 부자에게만 유리하고 가난한 사람들이나 중산층에게는 불리하게 짜여 있습니다. 재벌 대기업은 노태우 정권 시절에도 훨씬 미치지 못하는 낮은 법인세를 내고 있지만, 일반 시민들은 소득세 등의 직접세 부담은 물론, 각종 간접세를 통해 더 많은 부담을 지고 있습니다. 많이 버는 사람은 세금을 많이 내고, 적게 버는 사람은 적게 내거나 아예 내지 않아야 합니다. 많이 번 사람들의 돈으로 가난한 사람들을 도와주는 게 바로 적정한 소득 분배입니다. 그렇지만, 초고소득자의 소득세나 법인세를 조금이라도 올리려고 하면 당장 아우성이 쏟아집니다. 재벌 등의 이해를 대변하면서 광고 수익을 챙기는 언론들의 반발도 만만치 않습니다.

경제에서 시장이 차지하는 비중이 매우 크지만, 우리 헌법은 시장의 지배와 경제력 남용을 방지해야 한다고 합니다. 모든 걸 시장에만 맡기면 매점매석처럼 시민들의 삶이 피폐해질 가능성이 높습니다. 돈이 한쪽으로만 쏠리고, 그래서 재벌처럼 엄청난 경제력을 지닌 쪽만 힘을 갖게 되면, 국민경제 전체가 위협을 받습니다.

이럴 때, 국민들이 권력을 위임해준 국가가 나서야 한다는 것입니다. 아무리 자유시장이라고 해도, 그 자유는 국민의 인간다운 삶을 위한 자유여야 합니다. 재벌만의 자유, 부자들만의 자유가 결코 아니며, 그들에게 자유가 있다 하더라도 그 자유가 아무렇게나 맘대로 해도 된다는 것은 아닙니다. 그 자유가 다른 사람들을 곤경에 빠트리거나 부익부 빈익빈의 구조를 심화시켜서는 안 된다는 것입니다.

경제에는 규제와 조정도 필요합니다. 부자들의 이익만 대변하는 사람들은 규제를 없애야 기업하기 좋은 나라가 된다고 말을 합니다. 그건 곧 기업에게만 좋은 나라를 만들자는 겁니다. 이때 말하는 기업도 실은 중소기업은 빼고, 대기업들만을 의미합니다. 국가가 적극적으로 규제와 조정에 나서야 여러 경제주체들이 조화롭게 함께 성장할 수 있습니다. 헌법의 원칙을 확인하고, 헌법 질서가 경제 분야에도 반드시 관철되어야 합니다. 바로 정부의 적극적인 노력을 통해서만 가능한 일입니다.

경제 조항에서 하나만 더 살펴보겠습니다.

제126조

국방상 또는 국민경제상 긴절한 필요로 인하여 법률이 정하는 경우를 제외하고는, 사영기업을 국유 또는 공유로 이전하거나 그 경영을 통제 또는 관리할 수 없다.

긴절緊切하다는 말은 아주 절실하다는 뜻을 갖고 있습니다. 사영기업은 우리가 흔히 민영기업이라 부르는 것입니다. 공자님이 강조한 것처럼 이름을 제대로 붙이는 게正名정명 중요한데, 사영기업을 왜 민영기업이라 부르는지 모르겠습니다. 민주民主기업도 민중民衆기업도, 민생民生기업도, 민족民族기업도 아닌데 말입니다. 사영기업이라 부르면 본뜻이 확 살아나지만, 민영기업이라 부르면, 민民자 돌림 말들이 대체로 긍정적 의미로 쓰이는 것처럼 뭔가 그럴듯해 보입니다.

이 조문을 얼핏 읽으면, 어떤 일이 있어도 사영기업은 건드리면 안 된다는 뜻으로 읽힙니다. 하지만, 문맥을 보면서 좀 더 찬찬히 읽으면 꼭 그렇지 않다는 것을 알 수 있습니다. 법률만 있으면, 그리고 국방이나 국민경제에 아주 절실한 필요만 있으면 사영기업도 얼마든지 국유나 공유로 만들거나, 경영도 통제하거나 관리할 수 있습니다.

예컨대, 어떤 기업이 총을 만듭니다. 그런데 갑자기 전쟁이 터졌어요. 전쟁을 해야 하는데, 총이 모자라서 그 기업에게 총을 만들어 보내달라고 했는데, 외국에 수출할 물량을 맞춰야 하기에 한 달쯤 기다리라고 합니다. 당장 전쟁이 터졌는데 총이 없으면 어떻게 합니까? 그 기업을 아예 국유화하거나 공기업으로 만들거나, 기업의 경영을 통제하거나 관리해서라도 총을 만들어야겠죠? 이게 바로 국방상 긴절한 사유입니다. 이런 이유를 대면 시민들은 대개 납득할 겁니다. 워낙 국가주의적 훈련을 많이 받았으니까요.

국민경제상 긴절한 사유는 멀리서 찾을 것도 없습니다. 바로 지금이 그런 상황입니다. 일자리는 부족하고, 경제적 이유 때문에 스스로 목숨을 끊는 사람도 많습니다. 힘든 사람들이 너무 많아요. 고용은 불안하고, 장사도 안 됩니다. 누가 뭐래도 국민경제상 긴절한 상황입니다. 이렇게 가다가는 대한민국의 미래를 기약하기 힘든 상황입니다. 먹고살기 어려우니 결혼을 못 하는 사람도 많고, 아이 키우는 게 힘드니까 출산율은 세계에서 가장 낮은 나라가 되었습니다.

인권교육을 하러 다니면 청소년들을 만날 기회가 많은데, 이들에게 꿈이 뭐냐고 물으면, 대개는 그냥 없다고 말합니다. 꿈조차 꿀 수 없는 상황입니다. 그나마 공무원이라고 답하는 학생이 있다면, 그래도 공부 좀 하는 경우일 겁니다. 대부분은 아예 꿈이 없다고 합니다. 그만큼 상황은 절박합니다.

재벌 대기업은 언제나처럼 사상 최대의 수익을 올립니다. 수출만 따져도 예외 없이 늘어나기만 합니다. 그런데도 기업에서 일자리는 만드는 경우는 별로 없습니다. 아주 찔끔 일자리를 늘리거나, 아니면 필요한 일자리는 하청 회사나 비정규직을 통해 감당하려고 합니다.

이런 경우에는 국가가 과감하게 나서야 합니다. 기업이 일자리를 늘리지 않으면, 경영을 통제하거나 조정할 수도 있고, 아예 국유화하거나 공유화할 수도 있습니다. 바로 헌법 제126조의 규정 때문에 가능한 일입니다.

아는 만큼 보이고, 인권도 아는 만큼 보장받을 수 있습니다. 거듭 강조합니다. 헌법만 제대로 알아도 우리 삶은 달라질 수 있습니다. 헌법은 국가 운영의 원리이자, 시민들의 삶의 원리를 규정하는 최고 규범입니다.

국가는 국민을 위해 무엇을 할 수 있을까?

헌법을 살펴보면, 새삼스럽게 느끼는 점이 많습니다. 특히 국가가 국민을 위해 해야 할 일이 많다는 것을 알 수 있습니다. 그렇지만, 우리는 거꾸로 배워왔습니다. 국민이 마치 국가를 위해 존재하는 것처럼 배웠습니다. 국가에 충성을 다하고, 국가에게 뭔가를 바라기 전에 내가 먼저 국가를 위해 할 일을 생각하라고 배웠습니다. 국민의 권리를 배우기 전에 국민의 의무부터 달달 외우게 했습니다.

하지만 헌법에서 '국민의 권리와 의무'를 규정하고 있는 제2장을 보시죠. 제10조부터 제39조까지 모두 30개의 조문이 나오는데, 이 중에서 국민의 의무를 규정한 것은 딱 두 개뿐입니다. 순서로도 맨 마지막인 제38조와 제39조에 나옵니다.

제38조
모든 국민은 법률이 정하는 바에 의하여 납세의 의무를 진다.

제39조

① 모든 국민은 법률이 정하는 바에 의하여 국방의 의무를 진다.

② 누구든지 병역의무의 이행으로 인하여 불이익한 처우를 받지 아니한다.

한국은 사우디아라비아처럼 자원이 풍부한 나라가 아니니까, 국가를 운영하기 위한 비용은 전부 세금으로 충당해야 합니다. 사실 대부분의 나라가 비슷합니다. 국가가 국민의 권리를 제대로 보장하려면 돈이 들 텐데, 그 돈이 나올 곳이 유일하게 세금밖에 없습니다. 국방도 매우 중요합니다. 나라를 지켜야 하는 건 당연한 일입니다. 납세와 국방, 이렇게 두 가지만 국민의 의무로 정해두고 있습니다. 학교에서는 국민의 4대 의무라고 해서, 교육과 근로까지를 함께 배웠겠지만, 실상은 많이 다릅니다. 교육에서의 의무는 제31조 2항에 나오는데 조문이 이렇습니다.

제31조

② 모든 국민은 그 보호하는 자녀에게 적어도 초등교육과 법률이 정하는 교육을 받게 할 의무를 진다.

자녀가 있으면 반드시 의무교육을 받게 해야 한다는 겁니다. 이건 의무라고 되어 있지만, 자녀들 입장에서는 권리를 보장받는 것이고, 부모들도 자녀들이 제대로 권리를 보장받기를 원할 테니, 그냥 교육받을 권리라 해도 무방합니다. 이것 말고, 노동에 대해서도 의무 규정이 있는데, 조문을 보시죠.

제32조

② 모든 국민은 근로의 의무를 진다. 국가는 근로의 의무의 내용과 조건을 민주주의원칙에 따라 법률로 정한다.

근로의 의무가 필요한 경우가 있을 겁니다. 이를테면 국가 재난 상황에서 일손이 부족할 때 같은 경우가 그렇겠죠. 하지만 헌법 규정에 따라 시민들이 실제로 노동을 의무로 하는 경우는 거의 없습니다. 아주 비상한 사태가 아니면 불가능하니까요. 그러니 실제로 국민들에게 부여된 의무는 납세와 국방뿐입니다.

우리 국민들은 헌법이 정한 의무를 참 잘 지킵니다. 의무만 잘 지키는 게 아니라, 질서도 잘 지킵니다. 범죄 백서를 보면 우리나라에서는 1년에 1000건 이상의 살인 사건이 일어난다고 되어 있지만, 이건 과장입니다. 살인미수처럼 실제 살인 사건은 아니지만, 살인이란 말이 들어간 사건을 모두 통계로 잡으니까 살인이 많아 보이는 것뿐입니다. 경찰이나 검찰이 자기 존재를 과장하기 위해서 실제 상황을 상당히 부풀리는 겁니다. 실제 사람이 죽는 살인 사건은 연간 300건 좀 넘게 일어납니다. 인구 5100만 명이 사는데 하루에 한 명꼴밖에는 일어나지 않는 겁니다. 이런 수치는 세계적으로도 일본 다음으로 낮은 수치입니다.

살인, 강도, 강간, 절도, 방화 등 중요 범죄의 발생 자체가 줄고 있습니다. 인구는 느는데 범죄는 줄고 있으니 약간 의아하기도 합니다. 국가의 적극적인 노력 때문이든, 시민들의 의식이 높아서든 간에 치안에 관한 한 한국은 세계에서 가장 안전한 나라입니다. 범인 검거율도 제일 높습니다.

제일 중요한 게 목숨인데, 목숨으로만 보면 한국이 처한 현실을 단박에 알 수 있습니다. 살인으로 목숨을 잃는 사람은 하루에 한 명인데, 산업재해로 목숨을 잃는 사람은 다섯 명이나 됩니다. 산업재해는 노동자들에게만 일어나는 일이니 실제로는 훨씬 더 높은 비율로 사람들이 죽어나가는 겁니다. 산업재해로 인정받지 못한 죽음도 많다는 것을 생각하면, 그 비율은 더 높아질 겁니다. 교통사고로는 하루에 열한 명쯤 죽습니다. 세계에서 도로가 가장 많은 나라, 국토대비 도로율 1위 국가가 바로 한국입니다. 길이 많고 좋은데도 교통사고 사망자가 많은 것은 그만큼 경쟁이 치열하기 때문입니다. 이런 죽음보다 훨씬 더 비참한 건 바로 자살입니다. 매일처럼 40명 가까이 죽어갑니다. 피살과 자살을 비교하면 그 차이가 마흔 배 가까이 됩니다.

성균관대학교 국문과 천정환 교수가 『자살론』이란 책을 썼는데, 거기엔 "대부분의 자살은 깊고도 오랜 반복되고 누적된 절망, 갑갑하고도 초라한 일상 때문에 천천히 예비된 것일 가능성이 높다"란 문장이 나옵니다. 자살 속에는 바로 절망이 있습니다. 사람의 목숨을 빼앗을 정도의 절망, 그건 무의미하고도 불필요한 고통을 겪

사망 유형	사망자 숫자	하루 평균 사망자 숫자
타살	356명	0.97명
산업재해	1777명	4.87명
교통사고	3904명	10.69명
자살	1만 3092명	35.87명

한국인의 죽음(2016년)

는 사람들이 우리 주변에 너무 많다는 것을 알려줍니다. 저는 이 책을 보면서, 몇 가지 통계를 주목하게 되었습니다. 하나는 남성이 여성보다 훨씬 많이 죽는다는 겁니다. 보통 두 배가 넘습니다. 남성이 여성보다 좀 더 감성이 풍부해서가 아니라, 극단적 가부장 사회가 남성들의 어깨를 더 세게 짓누르고 있는 겁니다. 가부장 사회에서 살아남기 위해 더 많은 몸부림을 쳐야 하는 서글픈 현실이 자살로 드러나고 있습니다.

일본 제국주의는 치밀했습니다. 총독부에서는 식민지 첫 해부터 자살 통계를 내는데, 1910년 통계가 인구 10만 명당 2.8명이었습니다. 그런데 식민지 말기인 1939년으로 가면 10.7명이 자살하는 것으로 나타납니다. 맞습니다. 식민 지배는 이렇게 가혹합니다. 갈수록 사람들 살기가 힘들어집니다. 징병, 징용, 정신대 등 아무 데나 끌고 가는 세상을 견디기 쉽지 않았을 겁니다. 그런데 지금은 일제 강점기 말기보다 자살률이 훨씬 더 높습니다. 2018년 세계보건기구 통계를 보면, 한국의 자살률은 10만 명당 28.4명입니다. 해방된

나라입니다. 이젠 더 이상 식민지도 아닙니다. 그런데 식민지 시절보다 자살률이 훨씬 높다는 건, 인정하고 싶지 않지만, 우리의 삶이 식민지 시절보다 나아진 게 전혀 없다는 것을 의미합니다.

미국의 여론조사 회사 갤럽이 해마다 세계 각국의 시민들을 대상으로 '행복 지수'를 조사합니다. 2015년엔 143개국 중에서 한국이 118위를 했습니다. 팔레스타인과 동률이었습니다. 평균 높이 6.8미터의 분리 장벽이 삶을 옥죄는 나라, 이스라엘에 무단 점령당한 설움을 곱씹어야 하는 나라, 걸핏하면 이스라엘의 공격을 받는 나라와 같은 수준이라는 건, 한국의 상황이 정말 심각하다는 걸 알려줍니다. 갤럽이 던진 다섯 가지 질문에 답하면 되는 아주 간단한 설문 응답이었습니다. 어제 당신은 어땠냐고 묻는 겁니다. 이 질문들은 평이하지만, 결국 우리가 왜 사는지, 행복하게 살고 있는지를 묻고 있는 것입니다.

어제 많이 웃었나?

어제 피로는 잘 풀었나?

어제 하루 종일 존중을 받았나?

어제 즐거운 감정 상태로 지냈나?

어제 뭔가 흥미로운 것을 하거나 익혔나?

결국 행복하게 살려고 이렇게 고생도 하는 건데, 그 행복이란 게 아파트 평수나 자동차 배기량이 아니라, 앞서 말씀드린 다섯 가지 질문에 담겨 있습니다.

제가 일하는 인권연대에서 장발장은행을 운영하고 있습니다. 벌금을 내지 못해 감옥에 가는 사람들을 돕기 위한 은행입니다. 무담보, 무이자로 돈을 빌려주고, 갚을 때는 원금만 나눠서 갚을 수 있는 착한 은행입니다. 큰돈을 빌려주는 것도 아닙니다. 최대 300만 원. 그런데 그 돈을 주변 어디서도 빌리지 못해서 감옥에 끌려가는 사람들이 너무 많습니다. 연간 5만 명쯤 됩니다. 돈이 없어서 감옥에 가면 정말이지 무의미하고도 불필요한 고통을 당해야 합니다.

그런데 이상한 일입니다. 벌금을 내지 못해서 감옥에 가야 하는 사람들에게도 모두 가족이 있고, 또 친구나 동창도 있을 텐데 말입니다. 하지만, 세계에서 "힘들 때 기댈 사람이 없다"고 응답한 사람이 제일 많은 나라가 한국이라는 점을 생각하면 그렇게 의아한 일도 아닙니다.

우리가 후속 세대를 키우면서 흔히 "앞으로 절대, 가족이나 친구들과 ○○은 하지 말라"고 합니다. 이때 ○○이 뭡니까? 마약하지 마라, 폐를 끼치지 마라, 도박을 하지 마라가 아닙니다. 약한 사람 괴롭히지 마라, 어려운 사람의 청을 거절하지 마라가 아니라, 돈을 빌려주지 말라는 겁니다. 이게 무슨 금과옥조처럼 여겨지고 있습니다. 그러니까 가장 가까운 사람들에게도 빌려주지 말라는 겁니다. 형제에게 친구에게 돈을 빌려주지 말라는 것은 가까운 사람들이 경제적으로 어려운 처지에 놓이면 외면하라는 소리인데, 이건 너무 가혹합니다. 아직 경제활동도 시작하지 않았고, 그래서 누군가에게

누군가 나와 가까운 사람이 어려운 일을 겪을 때 나부터 도와주지 않으니, 내가 어
려운 일을 당할 때도 나를 도와줄 사람은 없는 겁니다. 한국은 국가 차원의 안전망
도 부족하고, 그뿐만 아니라 가족이나 지역 공동체 차원의 안전망도 거의 없습니다.
모든 걸 개인이 다 알아서 감당해야 하고, 어떤 고통이든 개인이 감내해내야 합니다.
그러니 사는 게 힘듭니다. 그래서 자살률도 너무 높습니다.

돈을 빌려준다면, 그건 먼 미래의 일일 텐데도 벌써부터 오금 박듯 이렇게 가르칩니다. 누군가 나와 가까운 사람이 어려운 일을 겪을 때 나부터 도와주지 않으니, 내가 어려운 일을 당할 때도 나를 도와줄 사람은 없는 겁니다. 한국은 국가 차원의 안전망도 부족하고, 그뿐만 아니라 가족이나 지역 공동체 차원의 안전망도 거의 없습니다. 모든 걸 개인이 다 알아서 감당해야 하고, 어떤 고통이든 개인이 감내해내야 합니다. 그러니 사는 게 힘듭니다. 그래서 자살률도 너무 높습니다.

공기업에서 비정규직을 정규직화하자면, 정규직이 먼저 반대하는 경우가 있습니다. 우리는 어렵게 관문을 통과했는데, 저 사람들은 왜 특혜를 받냐고 반발하는 겁니다. 함께 살겠다는 마음보다는 그동안 했던 고생에 대한 이상한 보상을 바라는 것 같습니다. 이런 왜곡된 심리가 새로울 것은 없습니다. 민중을 개, 돼지로 표현하는 고위 관료도 학교 비정규직 노동자들을 '밥하는 아줌마'로 부르는 국회의원도 모두 비슷한 생각을 갖고 있습니다. 그런 표현이 꼭 실수는 아닐 겁니다. 어쩌면 우리나라에서 출세했다는 사람들, 성공했다는 사람들이 갖는 속내일 겁니다. 어려운 경쟁을 뚫고 꼭대기까지 올라갔는데, 저 높은 곳에서 밑을 내려다보면서 많은 사람들이 아등바등하는 걸 보는 심정이 그랬을 겁니다.

세상은 단박에 바뀌지 않습니다. 박근혜 정권을 몰아내고, 좀 더 진보적인 정권이 들어섰다고 세상이 확 바뀌는 것은 아닙니다. 세상을 바꾸는 가장 확실한 방법은 세상이 바뀌어야 한다고 생각하는 사람들이 늘어나는 겁니다. 지금까지 말씀드린 방식으로 다시 말씀 드리면, 헌법의 원칙, 원리, 질서를 알고 이해하는 시민들이 훨씬 더 많아져야 합니다. 그래야 국가의 보다 적극적인 역할을 요구할 수 있고, 그래야 바뀔 수 있습니다.

Q&A

청중 헌법에 여성의 노동이 특별한 보호를 받아야 한다고 나와 있는데요. 앞서 임신이나 출산 같은 건 여기에 해당하지 않는다고 말씀하셨잖아요. 왜 그렇게 보시는지요?

오창익 제 생각이 그렇다는 겁니다. 노동조건과 관련해서 여성이 '특별한' 보호를 받아야 한다는 것이 고작해야 생리휴가, 임신, 출산, 육아와 관련된 휴가나 휴직의 보장 정도에서 멈추는 것은 아니라는 겁니다. 그건 특별한 보호가 아니라 '당연한' 보호입니다. 여성이 임신, 출산을 하지 않으면 인류는 존재할 수 없습니다. 그건 여성만을 위한 일도 아닙니다.

하지만, 뭐가 특별한 보호인지는 제가 아니라 여성들에게 물어야 합니다. 여성들이 생각하기에 남성 중심 사회에서 여성이 받아야 할 특별한 보호가 있는지, 있다면 그게 구체적으로 뭔지를 정하고, 그걸 기준으로 삼으면 됩니다. 헌법 조문을 해석할 권한은 정부나 헌법재판소에만 있는 게 아니라, 그 헌법의 주인인 시민들에게 있는 것이고, 특별히 제32조의 '특별한 보호'는 그 보호를 받아야 할 여성들에게 해석할 권한이 있어야 합니다. 이걸 인권에서는 '당사자주의'라고 부릅니다.

국가가 적극적인 역할을 통해 여성을 보호하지 않으면, 당장 고용, 임금 등에서 불이익을 받습니다. 경찰관을 뽑을 때, 100미터를

15초 안에 뛸 수 있는 사람만 뽑는다고 하면, 그건 여성은 뽑지 않겠다는 방침을 노골적으로 드러낸 것에 불과합니다. 이걸 공평하다고 하면 안 됩니다. 공평하게 하려면 남성은 15초, 여성은 22초 하는 식으로 차이를 인정해야 합니다. 그런데, 헌법은 단지 차이를 인정해라, 부당한 차별을 하지 말라는 데서 멈추는 게 아니라, 특별한 보호를 하라고 주문하고 있습니다. 그렇지만, 아직 우리 사회에는 특별한 보호가 뭘 의미하는지에 대한 기준조차 제대로 마련하지 않은 상황입니다.

경찰 이야기를 했으니, 좀 더 이야기를 이어가 보겠습니다. 경찰에는 여성을 경찰관으로 채용하기 꺼려 하는 분위기가 많습니다. 경찰관 대부분이 남성이니 그렇겠지요. 파출소, 지구대 같은 곳에서 일하는 남성 경찰관들은 여성 경찰관이 배치되는 걸 싫어합니다. 여성의 체력 여건이 남성만 못하기 때문에 싫다는 겁니다. 그런데, 꼭 여성만 체력 여건이 남성만 못한 것은 아닙니다. 같은 남성이어도 정년을 얼마 남겨두지 않은 나이 많은 경찰관들은 젊은 경찰관들에 비해 체력이 상당히 떨어지기 마련입니다. 당연한 일입니다. 나이가 있으니까요. 그런데, 실제로 파출소, 지구대의 인력 구조를 보면 갓 들어온 신입 순경들 말고는 나이 많은 직원들이 차지하는 비중이 높습니다. 그렇지만, 나이 많은 남성 직원들에 대해 여성들의 경우처럼 불평불만을 쏟아내는 경우는 별로 없습니다. 그저 남성들만의 영역을 그대로 존속시키고 싶다는 것일 뿐, 체력이 어떠니 하는 이야기는 핑계일 뿐입니다.

꼭 우리나라 이야기만은 아닙니다. 1967년에 미국에서 있었던 일입니다. 유서 깊은 보스턴 마라톤 대회에 캐서린 스위처라는 여성이 참가합니다. 당시에는 여성에게 아예 참가 자격을 주지 않았습니다. 여성이라는 사실을 알리지 않고 그냥 뛴 것입니다. 마라톤이 한참 진행 중일 때, 경기 감독관이 여성이 뛰고 있다는 사실을 알게 됩니다. 감독관은 뛰고 있던 캐서린 스위처에게 다가가 그의 등번호를 떼어버립니다. 그렇지만, 이 여성은 아랑곳하지 않고 계속 뛰어서 마침내 마라톤을 완주했습니다. 결과는 실격 처리였습니다. 여성들의 항의가 빗발쳤지만, 대회 당국은 희한한 논리로 버텼습니다. 여성이 800미터 이상 뛰면 자궁이 떨어진다는 등, 말도 안 되는 이야기를 과학적 근거라고 제시하기도 했습니다. 아무튼 캐서린 스위처의 도전을 시작으로 마라톤에서의 금기는 깨지기 시작했습니다.

지금은 물론 올림픽에도 여성 마라톤이 있고, 2017년 보스턴 마라톤에는 참가자의 46퍼센트가 여성이었습니다. 1967년 이후 50년이 지났습니다. 2017년 보스턴 마라톤은 1967년 캐서린 스위처의 도전을 기억하는 행사로 진행되었고, 우리 나이로 72세가 된 캐서린 스위처는 이 마라톤 대회에서 완주를 합니다. 참 대단한 분입니다.

감동적인 이야기지만, 여성의 인권은 캐서린 스위처처럼 뭔가 대단한 사람, 금기를 깨고 용감하게 나선 사람들에게만 보장되는 아주 특별한 것은 아닙니다. 능력이 출중하지 않아도 대단한 용기를 갖고 있지 않은 모든 사람에게 보장되어야 합니다. 그 보장은 헌법이 규정한 것처럼 '특별한 보호'에서 시작되어야 합니다.

청중 최근 기간제 교사의 정규직화에 대한 논란이 확대되고 있습니다. 한편에서는 비정규직을 줄이는 데 정부가 앞장선다며 환영하지만, 불공평하다는 지적도 있습니다. 국가의 공무원 선발 시스템을 흔드는 거로 보는 거예요. 기간제 교사가 정규직으로 임용되는데 절차적 문제가 있다는 거죠. 인권의 측면에서 어떻게 판단해야 할까요?

오창익 저는 그 문제가 기본적으로 교사 정원의 문제라고 생각합니다. 애초에 사람이 더 필요했는데, 예산 아낀답시고 비정규직 기간제 교사를 쓴 거잖아요. 거기에 대해 지금 국가가 책임을 지려는 것뿐입니다. 그분들 모두 공부할 만큼 공부한 분들이고, 교사 자격증도 갖고 있습니다. 차이는 딱 하나, 임용 고사에 합격하지 못했다는 것뿐인데, 저는 그게 논의의 핵심이 되어서는 안 된다고 생각해요. 정부가 사기업도 아니고, 필요한 인원을 계속 비정규직으로 뽑아서 쓰는 관행부터 없애야 한다고 봐요. 제가 이렇게 말씀드리면, 공무원 수 늘리면 나라 살림 거덜 난다고 반대하는 분들이 꼭 있습니다. 특히 보수를 자처하시는 분들이 그렇죠. 기업에 퍼주는 건 당연하게 생각하면서 공무원 증원은 결사반대예요. 그런데 자료를 보면 보수 정권도 공무원 수를 계속 늘리고 있어요.

박근혜 정권 4년 동안 경찰관 수가 총 1만 4500명 늘었습니다. 경찰관도 교사처럼 나랏돈으로 월급 받는 공무원이잖아요. 그런데 놀라운 것은 그렇게 많이 늘렸는데, 파출소 지구대 인원은 외려 줄었어요. 그럼 나머지는 다 어디로 갔느냐? 보안과 같은 데 가 있어요. 전국 경찰서에 보안과가 있는 곳이 21곳이었는데 올해 71개로 총 50개가 늘어나요. 보안과가 뭐 하는 데입니까? 예전에 대공對共과라고 부르던 곳입니다. 공산당에 대적하는 일, 곧 간첩이나 무장공비를 잡는 게 일인데, 요즘 세상에 그런 일이 어디 있습니까? 갑자기 간첩이 늘어난 것도 아닌데, 그런 일을 한답시고 부처와 관련 공무원 수를 팍팍 늘린 거예요. 제가 왜 이런 말씀을 드리냐면, 우리나라 살림이 그렇게 허술하지 않아요. 공무원 수 좀 늘린다고 재정이 파탄 날 수준이 아닙니다. 기간제 교사 정규직화해도 어렵지 않습니다.

저는 교사의 정원을 늘려야 한다고 보고요. 이걸 정부에 계속 요구해야 한다고 생각합니다. 기간제 정규직화 문제에 매달리면 본질에서 벗어나기 쉬워요. 기간제 교사도 상처고 정규직 교사도 힘들어요. 우리는 고생해서 임용 고사 패스했는데, 저 사람들은 왜 그냥 정규직 시켜주느냐고 따져봐야 자기 기득권 지키기로밖에 안 비칩니다. 남이 잘되는 것을 보면서 왜 배가 아파야 하는지 당최 이해할 수 없습니다. 같은 교사, 같은 노동자끼리 정규직-비정규직 분열되어 싸우는 건 누구에게도 도움이 되지 않습니다.

지금 정부에서는 기간제 교사뿐 아니라 공약으로 내세웠던 공공 일자리 81만 개를 새로 늘리기 위해 노력하고 있다고 합니다. 공약이 이행될 수 있도록, 아니 더 많은 일자리가 생길 수 있도록 해야 합니다. 그러기 위해서는 정부의 역할도 중요하지만, 노동자들의 연대도 매우 중요합니다. 지금은 뭉쳐야 할 때고, 무엇보다 일자리 자체를, 좋은 일자리를 늘려야 할 때입니다. 그래야 우리도 살고, 후속 세대도 살 수 있습니다.

6강

정부는 기업이 아니다

정창수

나라살림연구소 소장

인간은
왜
폭력을
행사하는가
?

정창수

1998년부터 20년째 나라 살림을 감시하는 일을 하고 있다. 국회 예산정책처 자문위원과 서울시 주민참여예산 지원센터장을 역임했으며 현재는 서울시 재정계획심의위원회 위원, 경희대 후마니타스칼리지 객원교수, 나라살림연구소 소장으로 활동하고 있다. 저서로는 『지방예산 쟁점 100』, 『민주정부 3.0』(공저), 『역동적 복지국가의 길』(공저), 『최순실과 예산 도둑들』(공저)이 있다.

정부는 기업이 아니다

안녕하세요. 오늘 강의는 '나라 살림' 즉 국가 예산과 관련한 내용입니다. 여러분은 '예산' 하면 어떤 게 떠오르나요? 듣는 순간 가슴이 답답해지지는 않나요? 보통은 복잡하고 어렵다고 생각합니다. 그런데 한 집의 살림살이처럼 나라의 살림도 수입과 지출로 이루어져 있다고 보시면 돼요. 그럼 지금부터 강의를 시작하겠는데요, 최근 우리 사회를 떠들썩하게 했던 국정 농단 사태와 관련해서 예산 이야기를 해볼까 합니다.

농락당한 국가 예산

제가 2012년부터 나라살림연구소에서 소장으로 있으면서 지방자치단체나 국회에서 재정심의 일을 했습니다. 작년에는 서울시와 서울시교육청 결산 검사위원도 했어요. 한 해 동안 예산을 잘 썼는지 허투루 낭비하지는 않았는지 살펴보았습니다. 서울시는 처음으로 회계사나 세무사가 아닌 사람이 참여한 사례입니다. 조례를 바꿔서 재무 행정 전문가도 포함되었어요. 작업하면서 보니까 공무원도 예산 일을 무척 힘들어하더라고요. 그런데 일반인들은 어떻겠어요? 우리가 살면서 예산에 대해 배운 적이 한 번도 없잖아요. 관련 전문가도 많지 않습니다. 경제학에 재정학 분야가 있고 행정학 중 재무행정 과목이 있습니다만, 가르칠 수 있는 사람이 많지 않아요. 우리가 좀 더 관심을 가져야 할 부분이라고 생각합니다.

올해 우리나라 국내 총생산GDP이 1600조 원가량 됩니다. 아시겠지만 1년 동안 생산된 재화와 서비스의 가치의 총액을 말해요. 이 중 가계와 기업을 빼고 정부가 차지하는 비중이 얼마나 될 것 같습니까? 우리가 낸 세금을 보면 알 수 있습니다. 그 돈으로 서비스를 제공하니까요. 우선 국세가 한 270조 원쯤 돼요. 여기에 지방세와 공기업 매출을 더하면 800조 원이에요. 국가 경제 전체의 절반을 공공 부분이 담당합니다. 그만큼 중요한 거예요. 그런데 이 분야를 다루는 전문가가 너무 부족해요. 우리나라 경제의 반이 공무원의 영역이 되어버린 거죠. 그러다 최근 정부 예산에 대한 국민적 관심이 급증합니다. 왜요? 바로 최순실의 국정 농단 사태 때문이에요. 매일 뉴스에 보도되는 내용이 그랬잖아요. 다양한 방법을 통해 나랏돈이 개인의 수중으로 흘러들어 갑니다. 내가 낸 세금이 저렇게 쓰였다는 데 분노를 느끼지요. 많은 사람들이 다시 한 번 예산에 관심을 갖게 됩니다. 그런데 정말 들여다보기가 쉽지 않아요.

우리나라 예산의 사업 개수는 세부 사업 기준으로 8000개 정도 됩니다. 이를 설명해주는 자료만 1년에 15만 페이지 분량이에요. 그러니 보통 사람들로서는 엄두가 안 나지요. 봐도 무슨 사업인지 잘 모르실 거예요.

저는 하는 일이 예산 연구인지라 그것들을 일일이 살펴봅니다. 그러면 전체적인 흐름이랄까 패턴이 보여요. 그런데 2016년 것을 보니까 유달리 'VIP'라는 단어가 많아요. 이게 공식적인 용어는 아니잖아요. 관료 조직 내부에서 대통령을 말하는 은어처럼 쓰이는 말인데, 공식 문서에 등장해요. 예산서에 무려 546번이나 언급됩니다. 그러면서 VIP가 몇 월 며칠 이리이러한 사업들을 했으면 좋겠다고 언급했던 내용이 기재됩니다. 예산을 심사하는 기획재정부에서 이걸 깎을 수 있을까요? 못 하죠. 외려 요구한 돈보다 더 줍니다. 제가 자꾸 이런 점을 지적하니까 관료들이 싫어해요.

저는 박근혜 전 대통령이 여성 대통령이고 또 안보를 강조하는 보수 정당 출신이라서 당연히 국방, 여성 쪽에 치중했을 거라 생각했습니다. 그런데 보니까 여성가족부 두 개, 국방부 세 개더군요. 고용노동부는 다섯 개고 보건복지부는 아예 없습니다. 그쪽 사안에 관심이 없다는 거죠. 그럼 어디에서 그렇게 많이 있었느냐? 국토교통부, 산업통상자원부, 미래부^{현 과학기술정보통신부}, 그리고 문화체육관광부였습니다. 앞엣것은 사업도 많고 이와 관련한 이해 집단이 많아요. 그래서 이해가 되기도 합니다. 그런데 문화체육관광부는 좀 의

외였습니다.

박근혜 전 대통령이 취임할 때 숫자로 공약한 게 두 가지 있었어요. 복지 예산을 147조로 늘리고, 문화 예산을 전체 2퍼센트로 늘리겠다. 복지야 역대 정권들이 늘 강조했던 거니까 그렇다 치지만, 뜬금없이 등장한 '문화'는 뭘까요? 당시 우리나라 문화 예산은 전체 예산의 0.6퍼센트에 불과했거든요. 문화 선진국이라는 프랑스도 겨우 1퍼센트를 씁니다. 대통령이 문화에 관심이 많아서 그런 걸까요?

문화 예산을 2퍼센트로 거의 세 배 이상 올리겠다는 발표에 많은 사람들을 어리둥절해했습니다. 그러다가 언론에 최순실이라는 이름이 등장하면서 진짜 이유를 알게 되지요. 최순실이 대통령 연설문을 고쳐줬다는 보도가 나가면서 국정 농단의 실체가 하나씩 드러나기 시작합니다. 그 일이 있고 얼마 후 저희가 '최순실 예산' 500억 원을 찾아냅니다. 사람들이 분노하고 광장은 촛불로 가득 메워지지요. 이게 불과 일주일 사이에 있었던 일입니다. 국가 예산을 분석하면서 VIP가 관심을 둔 분야를 살피고 있는데, 딱 최순실이 등장한 거예요.

국가 예산은 경직성이 강합니다. 2017년 중앙 정부 예산이 400조 원인데요. 이 중 새로 편성된 예산은 얼마 안 돼요. 전체의 1.7퍼센트입니다. 2016년에는 0.5퍼센트에 불과했어요. 쓰던 데 계속 쓴다는 거예요. 이게 극단적으로 가면 관료 국가가 됩니다. 여러 나라에서 이런 현상을 겪고 있어요. 여기에는 이론적 뒷받침도 있었습니다. 1960년대에 미국의 애런 월다브스키라는 정치학자가 '점증주의'라는 모델을 발표해요. 하던 대로 하면서 조금씩 새로운 예산을 붙여나가는 식이에요. 이런 식의 예산 편성이 훨씬 합리적이라고 주장합니다. 우리나라도 예외는 아니에요. 예산을 늘리는 것도 어렵지만 깎는 것도 어렵습니다. 정권이 바뀌어도 마찬가지예요.

제가 정치인들에게도 강의를 합니다. 대통령 후보부터 국회의원에 이르기까지 대상도 다양한데, 이분들도 예산을 알아야 정책이나 공약도 개발할 수 있잖아요. 담당 공무원에게 물어봐야 뻔한 대답만 돌아올 테니 저 같은 외부 전문가를 데려오는 거예요. 우리나라 예산은 어떻게 구성되는지, 또 어떻게 쓰이는지, 그래서 한참 강의를 했어요. 그중엔 장관이 된 분도 여럿 있습니다.

저희 연구소가 시민 단체와 함께 예산 낭비 보고서를 만들었습니다. 이걸 들고 정부를 상대로 요구를 했지요. 불필요한 예산 낭비를 막기 위해서입니다. 그런데 해보면 실제 깎이는 예산이 얼마 안 돼요. 저희가 최순실 예산을 더 찾아내서 이걸 막으려고 백방으로 뛰었지만 일부만 깎였습니다.

저는 국정농단을 수사하는 특검에도 갔습니다. 거기서 담당 검사를 만났는데 구면이에요. 예전에 그분이 국가 예산을 낭비하는 사람은 엄하게 처벌해야 한다고 말했던 게 기억나더군요. 잘됐다 싶어서 열심히 설명했습니다. 최순실이 예산을 빼돌리는 방법은 다음과 같습니다. 조직을 만들고 대통령을 통해 예산을 편성하도록 압력을 행사한 다음, 그 책임자로 자기 사람을 앉힙니다. 청와대 교육

문화수석, 문체부장관, 콘텐츠진흥원장이 그렇게 들어오죠. 그러면 청와대에서 나서요. 장관을 시켜서 예산을 편성하고 지정한 기관에 집행을 위탁합니다. 자기들이 하면 나중에 정산하고 감사받아야 하는데, 외부에 맡기면 그럴 필요가 없거든요. 관료들 입장에서는 편합니다. 그래서 콘텐츠진흥원 예산이 보통 1년에 1000억 원쯤 되는데, 박근혜 정부 들어서면서 5000억 원으로 무려 다섯 배 증가합니다. 아까 점증주의 말씀드렸죠? 나라 예산은 특정 분야에서 저렇게 갑자기 늘거나 줄지 않습니다. 만약 그런 일이 생기면 의심을 해봐야 해요. 그렇게 해서 늘어난 예산이 '외부 기관'인 미르재단 같은 데로 가는 거예요. 늘어난 문체부 예산이 그렇게 쓰인 겁니다. 최순실이 손을 댄 문체부 사업은 여기만이 아닙니다.

최순실은 또 K스포츠재단을 만듭니다. 문화체육부의 K-스포츠 클럽 공모 사업을 노린 거예요. 정부가 대한체육회, 지방자치단체 등과 함께 지역별 생활 체육 거점을 만드는 사업이었습니다. 2020년까지 전국에 228개를 만들 계획이었지요. 재단을 통해 이곳의 운영권을 가져가려고 합니다. 이 사실이 알려지고 당시 야당 쪽에서 이걸 막으려면 어떻게 해야 하는지 저희한테 물어옵니다. 얼핏 봐서는 정부 예산과 그 돈의 흐름이 잘 파악이 안 되는 거예요. 저희가 밤낮없이 자료를 분석했습니다. 워낙에 방대해서 어려움이 있었지만 최순실 쪽으로 흘러들어 갈 돈은 어느 정도 파악했어요.

정부 조직이라는 게 한 번 생기면 없어지기 힘들어요. 일이 없으면 만들어서 합니다. 그런데 인건비, 유지 관리비, 이런 돈은 누가

나라 예산은 특정 분야에서 저렇게 갑자기 늘거나 줄지 않습니다. 만약 그런 일이 생기면 의심을 해봐야 해요. 그렇게 해서 늘어난 예산이 '외부 기관'인 미르재단 같은 데로 가는 거예요.

댑니까? 바로 우리 세금, 나라 예산으로 합니다. 그래서 쓸데없는 일에 펑펑 새는 돈이 엄청나게 많아요. 최순실이 그런 관료제의 속성, 예산의 속성을 알고 있었던 거예요. 한 번 예산 항목을 만들어놓으면, 정권이 바뀌어도 계속 간다고 생각했던 겁니다.

예산이 줄줄이 새는 이유

작은 도둑은 쉽게 잡을 수 있습니다. 증거도 분명하고요. 그런데 정말 큰 도둑들은 도둑처럼 보이지가 않아요. 예산 낭비야말로 우리의 삶에 큰 영향을 미치는 도둑질입니다. 한 해 국가 예산이 400조 원입니다. 이 돈이 얼마가 어떻게 어디로 쓰이는지 아무도 몰라요. 언론에 나오지 않는 이상 뭐가 어떻게 새는지 알 수도 없습니다. 그러면서 한편 세금 올리는 부분에 대해서는 상당히 민감해요.

아시다시피 보통 사람은 종부세^{종합부동산세}와 무관합니다. 부과 대상이 아니에요. 전 국민의 1퍼센트만 여기에 해당합니다. 그런데도 여론조사를 하면 80퍼센트가 반대합니다. 우리나라에서 상속세를 내는 사람이 0.5퍼센트밖에 안 되는데 전 국민 70퍼센트가 상속세 폐지를 원해요. 왜 그럴까요? 이유가 뭐든 세금을 올리는 데 대한 반감 때문일 수도 있고요. 또는 나도 언젠가는 부자가 될 텐데 그럼 손해 아닌가? 하는 마음이 있을 수도 있습니다. 어쨌든 합리적이지 않아요. 나에게 손해가 되는 정책을 반대하고 이익이 되는 정책을 지지해야 맞잖아요. 저는 합리적으로 사람이 변화하는 것이 진보라고 생각합니다. 우리가 이러한 부분을 좀 더 알리고 집중해야 할 필요가 있습니다. 대표적인 낭비 사례를 몇 가지 말씀드리지요.

2002년 한일 월드컵 때 이야기를 하지요. 월드컵을 앞둔 2000년 정부는 상암동 월드컵경기장 옆에 '천년의 문'이라는 조형물을 계획합니다. 직경 200미터짜리 거대한 원형 조형물이에요. 당시 꾸려진 새천년준비위원회를 중심으로 적극적으로 추진했습니다. 그 안으로 비행기도 통과할 수 있는 크기라며 자랑을 했지요. 올라가면 서울의 전경을 내려다볼 수 있으며 350만 명 이상의 관광객을 불러들일 수 있다고 선전했습니다. 문제는 500억 원이 넘는 예산이었습니다. 시민 단체들이 계속 싸웠습니다. 결국 2001년 3월 건립 계획이 취소되지요. 취소될 때 보니 1400억 원이 넘는 예산을 계획해놓고 있었습니다. 저도 그때 같이 싸우면서 도대체 이런 무모한 계획들이 왜 자꾸 등장하는지 궁금했습니다. 그런데 보니까 그 안에 엄청난 이권과 권력관계가 있더라고요. 사업과 정책을 보면 그 안에 있는 권력 구조가 보입니다.

이 시기에 행정자치부에서는 '전 국토 무궁화 심기 사업'을 벌입니다. 2000년부터 3년간 440억 원을 투입해 전국 696개 장소에 400만 그루의 무궁화를 심겠다는 계획이었지요. 문제는 개화 시기였어요. 7월이나 되어야 꽃이 피기 시작하는데 그러면 정작 월드컵 때는 아무도 꽃을 못 봐요. 감사원이 지적한 대표적인 예산 낭비 사례입니다. 왜 이런 비상식적인 일이 생겼을까? 저도 궁금했습니다.

그래서 알아보니 나름대로 이유가 있더군요.

그해 갑자기 특별 교부금이 늘어서 3000억 원이라는 '공돈'이 생긴 거예요. 이 돈을 어떻게든 써야 하는 겁니다. 안 쓰면 나중에 예산이 또 줄잖아요. 그러나 보니 자꾸 무리를 합니다. 무궁화를 심긴 해야 하는데, 국내에서 구할 수 있는 물량이 50억 원어치밖에 안 돼요. 중국산 무궁화가 대량으로 수입됩니다. 이걸 알게 된 모 방송국 기자가 담당 공무원을 찾아갑니다. 몇 시간을 물고 늘어지니까 이 담당자가 결국 소리를 질러요. "조국과 민족을 위해서 무궁화를 심겠다는데 무슨 문제냐." 하고요. 이 장면이 고스란히 TV 방송을 타고 나갑니다. 한 편의 희극이었죠.

이런 일을 막으려면 법을 정비해야 합니다. 국회가 하는 일 중 가장 큰 게 뭡니까? 정부를 견제하는 거죠. 어떻게? 법과 예산으로 합니다. 국정감사라는 것도 있지요. 그런데 다른 나라에는 국정감사 제도가 없어요. 국회가 이미 감사 권한을 가지고 있기 때문에 별도로 이런 제도를 둘 필요가 없는 거예요. 수시로 정부에 자료를 요구하고 감사를 합니다. 법과 예산은 한 나라를 운영하는 데 가장 핵심적인 요소입니다. 이걸 통해서 국민을 보호하고 자원을 분배하는 거예요.

1970년대 말에 영국에서 여론조사를 했습니다. 사람들이 왜 가난한 것 같은가? 물었더니 50퍼센트가 개인 탓이라고 응답합니다. 구조 때문이라는 답은 27퍼센트가 나와요. 그리고 1979년에 마거릿 대처가 집권합니다. 대처가 사임한 뒤 같은 조사를 다시 해요.

그때는 개인 탓이라는 사람이 25퍼센트, 구조 탓이라는 사람이 50퍼센트로 결과가 나옵니다. 대처 집권기에 복지가 무너졌잖아요. 빈곤층으로 전락한 사람이 많아지고 이걸 영국 국민들이 체험한 거예요. 어떤 경험을 했느냐에 따라 개인과 구조를 보는 눈이 달라집니다. 제가 이 말씀을 드리는 이유는, 우리나라에서는 아직도 많은 분들이 '구조'를 제대로 못 보고 있다고 생각하기 때문입니다. 예산 낭비 사례가 보도되어도 남의 일이고 최순실 사태를 보면 분노하면서도 여전히 자신과 상관이 없다고 생각합니다. 그리고 부자들에게 세금을 더 받자는 정책에는 반대해요. 예산 낭비를 막고 세금을 늘려서 복지 예산에 반영하면 삶의 질이 획기적으로 좋아질 수 있다는 사실을 잘 모릅니다.

제가 서울시 인수위원회에 참여한 적이 있습니다. 이때 목표가 채무 7조 원 감축, 임대주택 8만 호 건설, 복지 예산 8조 원으로 증액이었습니다. 당시 복지 예산 규모가 4조 원이었으니 두 배로 늘린 거죠. 복지 확충하라고 하면 매번 듣는 소리가 뭡니까? 예산 타령이잖아요. 세금 더 걷기는 어려우니까 있는 돈을 복지 쪽으로 돌린 거예요. 관료들과 치열한 토론을 벌였습니다.

2014년 지방선거가 끝난 다음에 서초구에서 연락이 와서 한 번 갔습니다. 예산이 4500억 원이 있는데 공약 사업에 1000억 원이 필요하다고 해요. 어디서 어떻게 빼서 쓸 수 있느냐고 물어봅니다. 담당 공무원은 100억 원 정도 여력이 있다고 그랬거든요. 제가 850억 원이 가능하다고 했습니다. 약 2주 동안 하루 종일 예산 심의를 했어요. 결국 420억 원을 삭감해서 해당 사업에 쓸 수 있도록 했습니다. 자체적으로는 이걸 할 수가 없어요. 예산 깎는다고 하면 공무원들이 격렬하게 반대합니다. 그런 사람들이 모여서 예산 편성을 하면 결과가 뻔한 거예요. 저희는 예산을 조정할 때 직무 분석도 같이 합니다. 그렇게 해서 조직 개편까지 해요. 예산은 항상 조직과 함께 움직입니다.

예전에 모 구청에 가서 보니까 보안등, 가로등이 2만 4000개가 있어요. 예산서에 보니까 60억 원을 들여서 그중 38퍼센트를 새로 교체하겠다고 적혀 있어요. 너무 많다는 생각이 들었지요. 심의 자리에서 이 점을 지적했더니 담당이 대답하길 수명이 평균 4년밖에 안 된다는 거예요. 사실일까? 조사에 들어갔지요. 시청에도 알아보고 조달청 나라장터도 들어가 봤습니다. 평균 9년을 써요. 다른 구에서는 8퍼센트만 교체합니다. 보증 기한이 4년이었던 겁니다. 다시 물었더니 이번에는 대답이 바뀌어요. 민원이 많아서 그렇다는 거예요. 구민들이 멀쩡한 가로등을 바꿔달라고 한대요. 그래서 민원 접수 대장을 가져오라고 했습니다. 당연히 거짓말이었어요.

사정은 이랬습니다. 해당 구청은 한 업체한테 16년째 위탁을 주고 있었어요. 그동안 물가 상승률을 감안한다는 이유로 계속 단가를 올렸고요. 교체 개수를 줄이고 단가를 낮추면 20억 원이면 충분한 예산이었습니다. 내년부터 업체를 바꾸라고 했습니다. 일순간 조용해지더군요. 침묵을 깨고 구청장이 30억 원으로 하자고 제안했고 결국 그렇게 결정이 됐습니다. 물론 후유증도 있었어요. 공무원들이 자기들을 도둑놈 취급했다면서 피켓 시위를 벌이면서 항의하더군요. 하지만 누군가는 했어야 할 일이었습니다.

문재인 정부가 들어선 뒤 청와대에 재정기획관이라는 자리가 새로 생겼습니다. 저는 그 사실을 알고 지금껏 예산을 담당하는 비서관이 없었다는 게 더 놀라웠어요. 대통령 공약이 제대로 이행되고 있는지 누군가는 확인해야 하잖아요. 그런 사람이 없었다는 거예요. 지금이라도 생겼다는 게 그나마 다행이라고 생각했습니다.

예산에 대한 무지는 보수와 진보에 차이가 없습니다. 쟁점이 있는 사안을 두고 싸워도 관리는 거기서 거기인 경우가 많아요. 예산 관리는 보수와 진보로 나누어 생각할 게 아니라는 말씀을 드리고 싶어요. 지금까지 왜 예산이 낭비되고 있는지 그 이유에 대해 구조적 측면에서 한번 살펴보았습니다. 그럼 이제부터 어떻게 하면 예산을 효율적으로 쓸 수 있는지에 대해 말씀드리도록 하겠습니다.

정부는 기업이 아니다

첫 번째는 국가 예산을 비용으로만 보아서는 안 된다는 것입니다.

우리가 예산을 쓴다고 했을 때 이걸 비용으로 볼 거냐 투자로 볼 거냐 하는 문제가 있습니다. 회계 전문가들은 잘 아실 거예요. 예컨대 어떤 지방자치단체가 적자예요. 얼핏 들으면 안 좋은 거 같잖아요. 그런데 사정을 들여다보면 그렇지도 않습니다.

정부나 지방자치단체가 벌이는 사업은 단기적으로 수익이 나지 않습니다. 올해 복지에 투자하면 내년에 수익이 나옵니까? 그러나 장기적으로 볼 때 흑자라고 할 수 있어요. 시민들이 건강해지면 의료비 절감되죠, 교육 잘 받은 아이들이 자라서 사회에 기여하는 바는 또 어떻습니까? 지방자치단체나 정부를 회사로 생각하면 안 됩니다. 그런데도 사람들은 적자가 난다는 보도를 보고 역시 공공 기관은 효율성이 떨어진다고 생각해요.

통일도 마찬가지에요. 분단 비용에 대해 이야기하는데요. 통일 이후 철도, 도로망이 연결되면 그 자체만으로도 엄청난 경제적 효과가 나옵니다. 5년이면 본전 뽑아요. 유럽까지 가는 데 배를 타면 석 달 걸릴 걸 철도로는 일주일이면 가잖아요. 물류비용이 얼마나 절감되겠어요. 즉, 우리가 장기적인 안목을 갖고 제정 문제를 봐야 한다는 말씀을 드리고 싶고요.

다음은 기존 시설의 관리입니다. 지금까지는 새로운 시설을 짓고 공급을 늘리는 데 중점을 두었잖아요. 그러느라 돈이 많이 들었습니다. 서울시 상수도를 예로 들어보겠습니다. 그전에는 공급을 늘려야 한다면서 시설을 확충에 돈을 썼습니다. 그러다가 관점을 바꿔서 누수를 줄이기로 했어요. 배수관을 교체했습니다. 지금은 정수 시설의 반밖에 가동 안 하고 있어요. 시민들이 특별히 물을 아껴서 그런 게 아니라 물이 안 새서 그런 겁니다. 시민으로서는 환영할 일이지요. 예산도 아끼고 물 공급도 안정적으로 하고 있으니까요. 그러나 관료들은 어떨까요? 반갑지가 않아요. 회계상 흑자가 되니,

예산이 더 안 떨어집니다. 당장 조직이 위축됩니다. 모든 조직은 덩치를 키우려는 본능을 갖고 있습니다. 당연히 이런 일을 막으려고 할 겁니다. 적자를 벗어나려는 노력 대신 예산을 더 타내기 위해 새로운 사업을 벌여요. 정부가 마치 기업처럼 경제활동을 하는 거예요. 여기에 기생하는 이권 세력들도 줄을 잇고요. 이를 막으려면 장기적인 안목을 갖고 예산을 사회적 투자 개념으로 운용하는 한편, 기존에 집행된 예산에 낭비적 요소는 없는지 잘 살펴야 합니다.

또 하나 말씀드릴 것이 '예산이 적절한 대상을 향해 있는가?'입니다. 우선 볼 것이 각종 지원 사업입니다.

제가 강원도에 있는 한 대학 캠퍼스에 간 적이 있습니다. 해발 650미터에 지은 캠퍼스인데 무척 시설이 좋았어요. 국제 규격의 운동장도 있었고요. 이걸 짓는 데 5000억 원 정도가 들었다는 이야기를 들었습니다. 알고 보니 그곳은 예전에 탄광 지역이었어요. 낙후된 지역을 지원하기 위해 지원 제도를 만들었는데 1987년부터 지금까지 해마다 1조 원씩 지원한다고 해요.

강의를 마치고 나오면서 이런 식의 지원이 지역민들의 삶에 얼마나 기여할까 하는 의심이 들었습니다. 차라리 그 돈을 폐광으로 어려움을 겪은 사람들에게 직접 지원했으면 어땠을까요?

우리나라 지원 사업은 실제로 어려움을 겪는 분들에게 돌아가는 게 별로 없습니다. 사회간접시설에 투자하거나 무슨 공단을 만드는 식으로 간접 지원을 하기 때문이에요.

최근 우리나라가 조선업 불황으로 관련 업계가 구조조정에 들어

갔습니다. 나라에서 이걸 지원한다고 여러 지원책들을 쏟아냈어요. 조선 3사를 비롯해서 지역 경제를 살린다는 명분하에 자금 사정이 안 좋은 기업들에 수조 원을 지원합니다. 그 돈은 다 어디에 갔을까요? 직원들은 여전히 실업의 공포에 떨고 있고, 지원받은 기업들은 여전히 어렵다고 아우성입니다. 이런 식으로는 곤란해요. 밑 빠진 독에 물 붓기나 다름없습니다. 기업을 살리는 방식이 아니라 사람을 살리는 식이어야 해요.

조선업이 어렵다 어렵다 해서 제가 통계를 한번 봤어요. 그랬더니 유럽 업체가 세계 1위를 차지한 적이 있는 거예요. 깜짝 놀랐습니다. 그쪽은 예전에 다 망한 줄 알았거든요. 우리나라 같은 후발국이 급성장하면서 전통적인 조선 강국이랄 수 있는 스웨덴, 독일 같은 나라들의 조선업이 후퇴하기 시작했습니다. 그러다 전략을 바꾸어서 고부가가치 선박을 생산하면서 다시 살아난 거예요. 기업에 대해서는 경영을 잘못한 것이니 지원하지 않고 한편으로는 노동자들을 보호하는 정책을 펼쳤습니다. 실업 급여를 주고 유사 업종에 취업할 수 있도록 유도했어요. 그래서 조선 노동자들이 풍력 발전소 같은 데로 이직했습니다. 그런데 우리는 어렵다는 기업에 돈을 줘요. 하다 안 되면 문 닫고 철수합니다. 지원금은 어떻게 되느냐고요? 그냥 허공으로 날아가는 셈이에요.

필요한 지원을 필요한 사람에게

해마다 늘리고 있는 일자리 예산도 마찬가지예요. 전부 기업에 줍니다. 노동자들에게 직접 주면 포퓰리즘이니 뭐니 하면서 난리가 나잖아요. 이런 식의 국가 지원은 아주 오래되었어요. 박정희 시대의 방식이 지금껏 이어오고 있어요. 지금 우리나라 예산은 경제 개발을 중시했던 1970년대 예산 구조를 고스란히 이어오고 있어요. 경제개발 예산이 20퍼센트를 차지합니다.

복지 예산을 볼까요? 보통 사람들은 예산이 늘어난다고만 알고 있지 구체적으로 어디에 쓰이는지는 모릅니다. 하나하나 따져 보면 불편한 진실과 마주하게 됩니다. 2016년 보건 복지 분야 재정 투자 계획을 보면 기초생활 보장이 대략 10조, 취약계층 지원이 2조 5000억 원쯤 됩니다. 반면에 공적 연금이 42조 7000억 원쯤 돼요. 국민 연금, 공무원 연금, 사학 연금에 들어가는 돈이 엄청나게 많은 거예요. 두 번째로 많이 들어가는 분야는 주택 사업이에요. 19조 원이 넘습니다. 이 돈은 어디에 쓰일까요? 임대주택 엄청나게 짓는 것 같죠? 하지만 여기에 들어가는 돈은 1조 원이 안 됩니다. 나머지는 분양 안 된 아파트 사주는 거, 전세자금 대출해서 집값 지켜주는 거, 이런 데에 쓰는 거예요. 그다음이 노동 17조 원입니다. 산재보험 등의 재원으로 나가요. 근데 여기서 또다시 불편한 진실이 숨어 있습니다. 전체 노동자 중에 산재 보험에 가입한 비율은 3분의 1에 불과해요. 나머지는 다쳐도 보험금 지원을 못 받습니다. 그래서 결과적으로 그 예산의 혜택을 받는 사람들은 상대적으로 상위 계층이에요.

왜 이렇게 됐을까요? 우리나라 복지가 사회 보험 중심이기 때문이에요. 사회 보험은 오래 가입한 사람들에게 유리합니다. 사각지대가 넓어요. 통계를 보면 2009년을 기점으로 기초 수급자가 줄어듭니다. 그동안 사람들이 더 잘살 게 된 걸까요? 예산 편성을 안 하니까 그래요. 자격 기준을 까다롭게 해서 지원 대상에서 빼요.

복지 예산이 많다고들 하는데 진짜 세금 걷어서 마련한 예산은 35조 원밖에 안 돼요. 전체 예산 400조 원의 10퍼센트도 안 됩니다. 공적 연금 같은 건 개인에게 걷어서 모은 돈이잖아요. 그마저도 지원을 받아야 할 사람보다 상대적으로 여유가 있는 사람에게 간다는 걸 통계는 보여줍니다. 그래서 나라 예산이 정말 필요한 사람을 위해 쓰이고 있지 못하다는 지적을 하고 싶고요.

예산 문제와 관련해서 일본 이야기를 잠깐 하겠습니다. 일본은 공항 천국이에요. 거의 100개의 공항이 전국에 산재합니다. 예를 들어 후쿠시마 원전 사고가 났을 때 사고 지점을 중심으로 반경 20킬로미터 안에 공항이 세 개나 있었어요. 왜 이렇게 많은 공항이 있는 걸까요? 섬나라니까 특별히 비행기 탈 일이 많기 때문일까요? 비밀은 '예산'에 숨어 있습니다. 지방자치단체에서 예산을 따오려고 공항을 마구 지어요. 농작물을 실어 나른다는 명목으로 농촌에도 짓습니다. 그런데 농민들이 이용을 잘 안 하죠. 그냥 트럭에 실으면 되는데 뭐 하러 공항까지 가서 맡기겠어요. 그러자 농민들에게 보조금을 줍니다. 공항을 유지해야만 하는 이유를 만드는 거예요. 그런 공항을 '야채공항'이라고 언론에서는 비판합니다. 일본이 호황기 때 그렇게 많은 돈을 벌어놓고도 지금 부채가 225퍼센트가 넘는 데는 이런 이유가 있습니다. 일본은 대표적인 토건 국가예요. 사회간접자본 분야에 엄청난 예산을 쏟아붓습니다. 선진 7개국^{G7} 중 나머지 여섯 개 나라의 사회간접자본 분야 예산을 합친 것보다 더 많은 돈을 50여 년간 써왔어요. 그 결과 경제는 추락하고 1000조 엔이라는 어마어마한 채무를 지고 있는 상황에 직면한 거예요.

우리나라는 공항이 몇 개 있을까요? 한국공항공사에서 관리하는 게 14개입니다. 인천공항은 따로 관리하고요. 이 밖에도 국제 규격 공항이 12개가 더 있습니다. 예천, 남원, 제주도 등에도 있습니다. 지금 제주도에서 공항을 하나 더 짓겠다고 하죠. 반대하는 사람들은 예산 낭비하지 말고 기존에 있는 공항을 쓰자고 합니다. 지금 표선면에 정석비행장이라고 있어요. 대한항공^{KAL} 소유인데, 연습장으로 쓰고 있거든요. 기업에서도 매각에 호의적인데, 반대하는 도민들이 많다고 합니다. 신공항 후보지 땅값 상승과 개발 이익을 기대하고 있기 때문이에요. 공항 건설에 투입될 수조 원 규모의 예산에 지역이 들썩이는 거예요.

지역마다 이런 일들은 비일비재합니다. 강원도는 한 마을에 340억 원을 들여 다리를 놓았어요. 1년에 유지 관리비만 15억 원이 들어갑니다. 제가 그 돈을 차라리 마을 기금으로 쓰면 최고의 복지 마을이 될 거라고 했어요. 그랬더니 주민이 원치 않는다고 해요. 땅값

지방자치단체에서 예산을 따오려고 공항을 마구 지어요. 농작물을 실어 나른다는 명목으로 농촌에도 짓습니다. 그런데 농민들이 이용을 잘 안 하죠. 일본이 호황기 때 그렇게 많은 돈을 벌어놓고도 지금 부채가 225퍼센트가 넘는 데는 이런 이유가 있습니다. 일본은 대표적인 토건 국가예요.

올라가면 그 돈으로 서울 가고 싶어 한대요. 복잡하죠.

예산이 딱 예산만의 문제로 끝나는 게 아니에요. 거기에는 지역 경제와 부동산 같은 문제들이 얽혀 있습니다. 예전에 대구 지하철 관련해서 토론회에 참석한 적이 있었습니다. 해마다 적자가 나서 1년에 4000억 원 이상이 투입됩니다. 이 상황을 어떻게 개선하느냐고 물어요. 그래서 제가 지하철 사업을 포기하라고 했습니다. 정 유지하고 싶다면 역 두 개만 남겨서 관광용으로 쓰라고 그랬어요. 그 일로 욕을 많이 먹었습니다.

서울 지하철은 수송 분담률이 40퍼센트입니다. 그래서 적자가 있더라도 시가 보전을 해서 그런대로 유지가 돼요. 부산도 20퍼센트쯤 됩니다. 이 정도면 적자가 있기는 하지만 없앨 정도는 아닙니다. 대구는 4퍼센트예요. 광주는 더 심합니다. 그 정도면 사업 포기를 고민해야 하는 거 맞습니다. 그래서 이런 예산 사업을 따질 때는 경제성과 공정성을 모두 봐야 합니다. 진보적인 분들은 대개 공정성을 중요시하고 보수적인 분들은 경제성만 보는 경향이 있는데 그러면 문제를 해결하기가 어려워요.

지금껏 부정적인 이야기만 했으니 '모범 사례'를 하나 말씀드리지요. 강원도 백담사 앞에 백담마을이라고 있습니다. 지방자치단체에서 이 마을에 버스 운영권을 줬어요. 주민들이 돈을 모아서 협동조합을 만듭니다. 그 돈으로 버스 15대를 사고 운전기사 25명을 고용해요. 기사는 전부 주민입니다. 연봉 3000만 원씩 받는데, 1년 중 4개월은 일을 하지 않아요. 겨울에는 눈이 쌓여서 운행이 어려우니까요. 그래도 관광지다 보니 이익이 납니다. 그 돈으로 사서 선생님 모셔서 도서관을 짓고, 의사를 고용해서 병원을 운영합니다. 약 350명에 이르는 지역 주민들이 그렇게 행복하게 살고 있대요. 개발도 아니고 땅값이 오른 것도 아니고 지역 경제 활성화한다고 지원금을 준 것도 아닌데 좋은 결과를 가져왔어요.

프랑스에서는 시각장애인 안내견을 정부에서 기릅니다. 마리당 8000만 원쯤 든대요. 아무래도 훈련을 시켜야 하니까 돈이 좀 들겠죠. 우리나라는 이 일을 개인과 기업이 합니다. 우리가 보는 시각장애인 안내견은 다 기업 지원을 받거나 개인 돈으로 사서 키우는 거예요. 간혹 삼성 같은 대기업이 지원하는 경우도 있는데, 알고 보면 광고 효과를 노린 겁니다. 지원금보다 그 개를 이용한 광고비가 더 많아요.

광고비 하니까 생각나는 게 예전에 오세훈 전 서울시장이 '여성 행복도시'를 내세우면서 대대적으로 광고를 한 적이 있습니다. 예산은 50억 원인데 광고비가 100억 원이에요. 차라리 그 돈을 다른 일에 썼다면 어땠을까요? 정치인이 행정을 하다 보니 그런 일이 벌어집니다. 생색을 내고 싶은 거예요.

어쨌든 프랑스는 시각장애인 안내견을 정부에서 키우는데요, 그 이유가 멋집니다. 장애인을 보호하는 건 정부의 의무라는 게 첫 번째 이유고요. 그다음 경제적으로 보았을 때도, 이들이 다치거나 죽으면 긴강보험 지출이 발생하는데 그것보다는 안내견에 투자하는 게 더 낫다는 얘기를 해요. 예산을 아끼는 사업이라는 거예요. 예산을 잘 쓰는 모범 사례입니다.

예산과 정치

정치인의 삼대 거짓말이 있습니다. 하나는 "예산이 없다." 두 번째는 "우리 지역이 소외되었다." 세 번째로 "내가 예산을 특별히 따왔다"입니다.

광역 자치단체를 기준으로 했을 때 1인당 예산이 가장 많은 곳이 어디일까요? 2013년 기준으로 전남이 가장 많고 그다음이 강원도, 그다음이 경북이에요. 강원도는 평창 올림픽 때문에 잠깐 올라간 거라서 사실상 전남과 경북이 1, 2위를 차지하고 있다고 보면 됩니다. 서울은 가장 낮습니다. 그럼에도 선거 때만 되면 지역감정을 자극하면서 서로 자기 지역이 낙후되어 있다고 열변을 토합니다. 국회의원들은 왜 우리 지역만 차별하느냐면서 예산 싸움을 하고요.

예산을 이런 관점에서 접근하면 국가 전체적으로 엄청난 손해를 보게 됩니다. 어떤 지역에 어떤 시설이 들어갔으니까 이번에는 우리 지역에 지어야 한다는 식으로 자꾸 사업을 만들고 거기에 돈을 쏟아붓게 되잖아요.

그 대신 예산을 전체적인 사회 비용을 줄이는, 예방적 조치로 보아야 합니다. 아까 프랑스 시각장애인 안내견 말씀드렸지요? 우리도 예산을 장기적인 안목에서 더 큰 비용의 발생을 막는 데 쓴다고 생각해야 해요.

스웨덴은 공공부조를 통해 기초 수급자를 지원하는데 그 비용이 국내 총생산GDP의 0.6퍼센트에 불과해요. 왜 그렇게 적으냐, 우리처럼 예산이 없어서가 아닙니다. 대상자가 적기 때문이에요. 즉, 여타 복지 제도를 통해 취약 계층이 발생하는 걸 줄인 결과입니다. 제가 틈날 때마다 국회의원들에게 하는 말이 복지를 투자로 봐야 한다는 겁니다. 저는 이걸 말로만 할 게 아니라 연구를 통해 구체적으로 근거를 대야 한다고 주장해요. 예산을 짤 때 뭔가 근거가 있어야 하잖아요. 그냥 투자합시다, 가 아니라 이만큼 투자하면 나중에 이만큼 수익이 납니다, 라고 해야 설득이 되지 않을까요? 한쪽에서는 기업의 효율성을 계속 강조하잖아요. 이만큼 투자하면 이만큼 돈이 나온다는 식의 연구 결과는 차고 넘칠 지경입니다. 그러니 예산이 자꾸 기업으로 가는 거예요.

제가 2008년도에 시민단체 활동을 하다가 한미FTA 문건을 공개했다는 이유로 감옥에 간 적이 있습니다. 그때 정말 신세계를 보았어요. 별별 사람들이 있더군요. 사기, 강도, 폭력, 마약… 독방으로 옮겨달라고 해서 겨우 혼자 지낼 수 있게 됐습니다. 어쨌든 그때 하던 일이 예산 감시 쪽이어서 관련 책들을 보내달라고 해서 읽으면서 시간을 보냈어요. 그러다 교도소 운영 실태에 대해 알게 되었는데, 보니까 2006년 기준으로 우리나라 재입소율이 51.4퍼센트나 돼요2007년 『범죄백서』, 범무연수원. 재소자 절반이 다시 범죄를 저지르고 들이옵니다. 서울구치소만 해도 수용 인원 4500명 중 초범이 1000명밖에 안 돼요. 그런데 한국은 범죄자 수가 굉장히 적은 나라에 속합니다. 빵 한 조각 훔쳐도 감옥 가는 판에 중대 범죄만 따지면 정말 그 수가 얼마 안 되겠지요. 그런데 재범률은 이렇게 높습니다. 이유가 궁금했어요. 알아보니까 이것 역시 '예산'과 관련이 있더군요.

우리나라에는 '한국 법무보호복지공단'이라는 곳이 있어요. 재소자가 출소하면 자립 기반을 마련해주기 위해 숙식을 제공하고 직업훈련을 통해 취업을 지원해주는 등의 일을 합니다. 이 과정을 거친 사람들의 재범률이 0.5퍼센트로 나와요. 엄청난 차이잖아요. 문제는 이 공단 운영에 들어가는 돈이 전체 교정 예산 2조 5000억 원 중 0.5퍼센트인 126억 원에 불과하다는 겁니다. 그러면 나머지는 어디에 쓰이겠어요. 교도소 운영비, 인건비 이런 데에 들어가겠지요. 재범률을 낮추는 데보다 교정 시설과 운영에 더 많은 돈을 들이는 게 과연 효율적인 예산 집행이라고 할 수 있을까요? 예방적 관점으로 보면 당연히 재범률을 낮추는 데 더 많은 돈이 쓰여야 합니다.

관료들은 어떻게 나누든 자기 소관 부서로 예산이 떨어지길 원합니다. 그러나 저 같은 사람은 어디에 예산이 쓰이는지가 중요하지요. 복지에 쓰겠다고 해놓고 예산의 90퍼센트를 복지관 건물 짓는 데 쓰겠다, 이러면 안 되잖아요. 실제로 우리나라 예산은 명목과 달리 쓰이는 부분이 많습니다. 예컨대 농업 진흥 예산이 농민에게 가지 않고 절반 이상 농기계와 비료, 화학 사업에 투입되는 것처럼 말이지요. 그마저도 개인 부담이 큽니다. 예컨대 농기계를 사면 반만 정부가 보태줍니다. 나머지는 농민이 융자를 받아야 해요. 예산은 썼는데 농민 빚만 늘어나는 셈이지요.

예산이 관료들의 주요 관심사가 되다 보니 어떻게든 이를 따내기 위해 다양한 수단을 동원합니다. 대표적인 사례 몇 가지만 말씀드릴게요.

공무원들은 예산을 따내기 위해 자체 수입으로 비용을 충당할 수 있다고 주장합니다. 예컨대 공원을 하나 만든다고 하면 이용 요금을 받아서 유지 관리를 할 수 있다고 합니다. 그렇게 해서 일단 사업을 추진한 다음에 나중에 손해나는 부분이 있으면 또 예산을 달라고 청구하는 식이에요.

공무원들이 보기에 일단 사업을 시작하면 예산은 나오기 마련이거든요. 그래서 적은 예산으로 새 프로그램을 시작한 후에 나중에 덩치를 키워서 예산을 배정받는 방법도 씁니다. 또는 같은 사업을 전혀 다른 사업인 것처럼 위장하기도 해요. 때로 협박을 하기도 합니다. 이 예산이 삭감되면 주민들 반발이 거셀 거라고 해요. 유권자 눈치를 볼 수밖에 없는 기관장들이 굴복할 수도 있습니다. 한꺼번에 많이 달라고 하면 거절당할 수 있기 때문에 잘게 나눠서 요청하기도 합니다. 참 다양하지요.

다시 예산의 분류로 돌아와서, 기능별 항목을 보면 어느 기관이 어느 지역에 어떤 사업을 하는지 금세 알 수 있다는 말씀을 드렸고요. 저희가 투명성 확보 차원에서 국정원을 제외한 나머지 기관의 조식별 예산을 분석하고 있습니다. 예컨대 교육부 예산에 2조 원

정도가 특별교부금으로 책정되어 있더라고요. 이게 어떻게 쓰이나 살펴봤습니다. 그랬더니 특이한 사례가 발견됩니다. 2008년도에 교육부 장관이 모교인 모 초등학교에 방문합니다. 그리고 도서 구입비 명목으로 2000만 원을 줘요. 이걸 특별교부금으로 처리합니다. 거의 개인 돈처럼 쓴 거예요. 자신의 중학교 모교에는 50억 원을 주기도 했습니다. 이 사실이 언론에 알려지면서 부적절한 처신이라는 비판이 많이 제기됐습니다.

원래 특별교부금은 중앙정부가 지방자치단체에게 주는 돈이에요. 재정 균형을 맞춘다는 취지에서 지원되는 예산입니다. 장관이 권한을 갖고 있어요. 문제는 이 돈에 대한 감시가 이루어지고 있지 않다 보니 개인 돈처럼 쓰이고 있다는 겁니다. 그래서 저희 연구소는 이 특별교부금이 어느 지역에 어떤 사업으로 얼마가 집행되었는지, 지난 10년간 관련 자료를 수집했습니다. 안타깝게도 이 돈의 행방을 아는 사람은 많지가 않더군요. 지역 국회의원이나 단체장 정도가 알고 있었어요. 자신의 지역구에 대해서만 아는 것이지만요.

이런 상황에서 예산 집행의 투명성을 확보할 방법은 무엇일까요? 예산이 어떻게 쓰이는지 국민들에게 알리는 겁니다. 국민들도 관심을 갖고 지켜봐야 하고요. 투명성과 참여가 중요합니다. 현재 인터넷에 많은 정보가 공개되어 있는데요, 우선 말씀드릴 곳이 '내 고장 알리미'www.laiis.go.kr라는 곳이에요. 행정자치부가 운영하는 지방행정 정보 제공 사이트입니다. 들어가시면 각종 자치단계의 통계와 행정 정보, 자치단체의 성과와 행정 지표 등을 확인할 수 있습니다.

'살고 싶은 우리 동네'http://sgis.kostat.go.kr도 추천할 만합니다. 통계청이 운영하는 통계 지리 정보 서비스로 주택, 생활 편의시설, 교통, 교육, 복지 문화 등 다양한 지역 통계를 볼 수 있습니다. 기획재정부 열린 재정 홈페이지www.openfiscaldata.go.kr도 있습니다. 국가 예산 회계 등의 재정 정보가 올라와 있어요.

통계가 권력이라는 말이 있습니다. 통계를 알면 관심이 생깁니다. 여성 현실을 알려주는 통계가 있어야 여성운동이 활발해집니다. 반대로 통계가 없으면 관심도 없어져요. 우리나라 예산을 보면 강자와 기득권자에 대한 통계로 가득합니다. 이걸 약자들의 통계로 바꾸어야 해요. 가난한 사람, 소외된 계층에 어떻게 얼마만큼의 예산이 쓰이고 있는지 연구하고 그 결과를 사람들에게 알려야 합니다. 그래야 변할 수 있어요. 세상의 모든 것은 예산과 관련이 있습니다. 예산을 알아가는 게 세상을 살아가는 것이고, 세상을 살아가는 게 예산을 알아가는 것이라는 걸 말씀드리면서 강의를 마치고자 합니다. 고맙습니다.

참고 문헌

1   Litovsky, R. Y., & Ashmead, D. H. (1997). Development of binaural and spatial hearing in infants and children. In R. H. Gilkey & T. R. Anderson (Eds.), *Binaural and spatial hearing in real and virtual environments* (pp. 571-592). Mahwah, NJ: Erlbaum.

2   Schaal, B., Marlier, L., & Soussignan, R. (2000). Human foetuses learn odors from their pregnant mother's diet. *Chemical Senses*, 25, 731.

3   Eimas, P. D., Siqueland, E. R., Jusczyk, P., & Vigorito, J. (1971). Speech perception in infants. *Science*, 171(3968), 303–306.

4   Tsushima, T., Takizawa, O., Sasaki, M., Shiraki, S., Nishi, K., Kohno, M., Menyuk, P., & Best, C. (1994). Discrimination of English /r-l/ and /w-y/ by Japanese infants at 6-12 months: language-specific developmental changes in speech perception abilities. *International Conference on Spoken Language Processing* (pp. 1695-1698). Yokohama, Japan.

5   Kagan, J., Reznick, J. S., & Snidman, N. (1988). Biological bases of childhood shyness. *Science*, 240(4849), 167-171.

6   Hamlin, J. K., Wynn, K., & Bloom, P. (2007). Social evaluation by preverbal infants. *Nature*, 450(7169), 557.

7   Hamlin, J. K., Wynn, K., & Bloom, P. (2010). Three-month-olds show a negativity bias in their social evaluations. *Developmental science*, 13(6), 923-929.

8   Darwin, C., & Bynum, W. F. (2009). *The origin of species by means of natural Selection:or, the preservation of favored races in the struggle for life* (pp. 441-764). Penguin.

9   Warneken, F., & Tomasello, M. (2006). Altruistic helping in human infants and young chimpanzees. *Science*, 311(5765), 1301-1303.

10 Hamlin, J. K., Wynn, K., Bloom, P., & Mahajan, N. (2011). How infants and toddlers react to antisocial others. *Proceedings of the national academy of sciences*, 108(50), 19931-19936.

11 Hamlin, J. K., Mahajan, N., Liberman, Z., & Wynn, K. (2013). Not like me= bad: Infants prefer those who harm dissimilar others. *Psychological science*, 24(4), 589-594.

12 Kinzler, K. D., Dupoux, E., & Spelke, E. S. (2007). The native language of social cognition. *Proceedings of the National Academy of Sciences*, 104(30), 12577-12580.

13 McKown, C., & Weinstein, R. S. (2003). The development and consequences of stereotype consciousness in middle childhood. *Child Development*, 74(2), 498-515.

14 Spencer, S. J., Steele, C. M., & Quinn, D. M. (1999). Stereotype threat and women's math performance. *Journal of Experimental Social Psychology*, 35(1), 4-28.

15 Kinzler, K. D., Shutts, K., DeJesus, J., & Spelke, E. S. (2009). Accent trumps race in guiding children's social preferences. *Social cognition*, 27(4), 623-634.

16 Renno, M. P., & Shutts, K. (2015). Children's social category-based giving and its correlates: Expectations and preferences. *Developmental Psychology*, 51(4), 533.

17 Averhart, C. J., & Bigler, R. S. (1997). Shades of meaning: Skin tone, racial attitudes, and constructive memory in African American children. *Journal of Experimental Child Psychology*, 67(3), 363-388.

18 Bigler, R. S., Spears Brown, C., & Markell, M. (2001). When groups are not created equal: Effects of group status on the formation of intergroup attitudes in children. *Child Development*, 72(4), 1151-1162.

19 Bigler, R. S., Jones, L. C., & Lobliner, D. B. (1997). Social categorization and the formation of intergroup attitudes in children. *Child Development*, 68(3), 530-543.

20 McKown, C., & Weinstein, R. S. (2008). Teacher expectations, classroom context, and the achievement gap. *Journal of School Psychology*, 46(3), 235-261.

21 Van den Bergh, L., Denessen, E., Hornstra, L., Voeten, M., & Holland, R. W. (2010). The implicit prejudiced attitudes of teachers: Relations to teacher expectations and the ethnic achievement gap. *American Educational Research Journal*, 47(2), 497-527.

22 MGD Lisi, M. D., Ann, V., Daly, M., & Neal, A. (2006). Children's Distributive Justice Judgments: Aversive Racism in Euro-American Children?. *Child Development*, 77(4), 1063-1080.

23 McKown, C., & Weinstein, R. S. (2002). Modeling the role of child ethnicity and gender in children's differential response to teacher expectations. *Journal of Applied Social Psychology*, 32(1), 159-184.

24 Karafantis, D. M., & Levy, S. R. (2004). The role of children's lay theories about the malleability of human attributes in beliefs about and volunteering for disadvantaged groups. *Child Development*, 75(1), 236-250.

25 Rutland, A., Killen, M., & Abrams, D. (2010). A new social-cognitive developmental perspective on prejudice: The interplay between morality and group identity. *Perspectives on Psychological Science*, 5(3), 279-291.

26 Hanushek, E. A., Kain, J. F., & Rivkin, S. G. (2002). Inferring program effects for special populations: Does special education raise achievement for students with disabilities?. *Review of Economics and Statistics*, 84(4), 584-599.

27 Thomas, A. K., & Dubois, S. J. (2011). Reducing the burden of stereotype threat eliminates age differences in memory distortion. *Psychological Science*, 22(12), 1515-1517.

28 Cohen, G. L., Garcia, J., Apfel, N., & Master, A. (2006). Reducing the racial achievement gap: A social-psychological intervention. *Science*, 313(5791), 1307-1310.

29 Powers, J. T., Cook, J. E., Purdie-Vaughns, V., Garcia, J., Apfel, N., & Cohen, G. L. (2016). Changing environments by changing individuals: The emergent effects of psychological intervention. *Psychological Science*, 27(2), 150-160.